Den Meister in sich selbst erkennen

Spirituelle Gedanken auf dem Weg zum Erwachen

von
Anutosho

BOOKS on DEMAND

Zum Autor

Augustin Trücher sieht sich als spiritueller Begleiter und Coach. In spirituellen Kreisen nennt man ihn auch "Anutosho", das ist sein spiritueller Name, der ihm vom spirituellen Lehrer "Samarpan" verliehen wurde. (Samarpan nennt sich aktuell übrigens "Soham"). Anutosho bedeutet absolute Zufriedenheit, kein Wunsch nach irgendetwas, ein Zustand ohne Wunsch.

Seit über 20 Jahren beschäftigt sich Anutosho mit energetischen, sowie spirituellen Themen und Methoden. Viele Seminare und Ausbildungen halfen ihm einen guten Einblick zu erlangen und unzählige Methoden auszuprobieren. Intensivtage mit spirituellen Lehrern ließen seinen Geist ruhig und sein Herz weiter werden.

Seine Erkenntnisse und Erfahrungen zu teilen, ist ihm immer mehr ein Bedürfnis geworden, um mehr und mehr von der Getrenntheit in die Gemeinsamkeit zu kommen. Anutosho ist auch Betreiber der Homepage www.sana-santi.jimdo.com auf der von ihm immer wieder Blogartikeln, Videos, Kurse und vieles mehr zur Erlangung des inneren Friedens veröffentlicht werden.

"Die Welt kann ich vielleicht nicht ändern,
aber ich kann mich ändern - ab heute„

„In meiner Person bin unter anderem ausgebildeter Naturpraktiker, Trainer/Coach, Quantenheiler und Remote Viewer, aber in meinem wahres Wesen bin ICH in erster Linie ein Mensch wie DU und alle anderen."

Bibliografische Information der Deutschen Nationalbibliothek:
Die Deutsche Nationalbibliothek verzeichnet diese Publikation in der Deutschen Nationalbibliografie; detaillierte bibliografische Daten sind im Internet über http://dnb.dnb.de abrufbar.

Illustration: **Augustin Trücher [Anutosho]**

Herstellung und Verlag: BoD – Books on Demand, Norderstedt

ISBN: 9783748174646

Inhalt

Vorwort

Geliebtes Wesen

Auf dem Weg zum Erwachen stellen sich viele Fragen, die nach einer Antwort suchen. Da du jedoch schon immer ein erwachtes Wesen warst und bist, trägst du bereits alle Antworten in dir. Suche daher nicht im Außen, sondern in Dir selbst.

Wir alle sehnen uns bewusst oder unbewusst nach einem inneren Frieden tief in uns, einen Frieden in dem ein Leben in endloser Glückseligkeit und beurteilungsfreier Leichtigkeit vorherrscht, egal wie die Umstände sind. Und da du dieses Buch gewählt hast, ist es bei dir höchstwahrscheinlich eine bewusste Sehnsucht.

Dieses Buch beinhaltet Gedanken zu verschiedenen spirituellen Überlegungen und Sichtweisen, die dich in ein neues Bewusstsein und zum inneren Frieden führen können. Das Buch nimmt dich an die Hand und zeigt dir Sichtweisen auf, wie du die alte Haut aus Selbstzweifeln ablegst und mit voller Zuversicht den inneren Frieden in dir selbst finden kannst.

Wenn du das ganze Buch liest, wirst du eventuell scheinbare Widersprüche finden. Erwarte keine konsistente Lehre. Schau stattdessen, welche Passagen sich für dich richtig und stimmig anfühlen.

Wenn du bedenkst, dass nicht jeder Text jedem dienen kann, und nur herausnimmst, was dir gut tut, dann wirst du viel Freude an meinem Werk haben.

Anmerkung: Ich habe in diesem Buch die Du-Form gewählt, da ich es persönlicher empfinde und du dich dadurch auch besser angesprochen fühlen wirst.

Ich wünsche Dir viele spannende Momente und tiefgehende Er-kenntnisse beim Lesen dieses Buches.

Viel Spaß beim Lesen,

Namaste
Anutosho

Gedanken zum bewussten SEIN

Wenn Du im Moment lebst, lebst du automatisch im Fluss des Lebens!

Anutosho

Was uns in der Stille bewusst wird.

Viele von uns haben ein Problem mit Stille. Alleine mit sich in einer lautlosen Umgebung, wenn möglich abseits jeglicher Sinneseindrücke. Schon die Vorstellung daran löst in vielen Menschen ein Unbehagen aus. Aber warum ist das so? Was hat die Stille an sich, die uns in so ein Unbehagen kommen lässt? Lasst uns das mal näher betrachten:

In unserem Alltag sind wir in der Regel einem Overload an Sinneseindrücken ausgeliefert. Input den ganzen Tag vom Aufstehen bis zum erschöpften Abgang in die Falle. Schon morgens wird meist der Radio aktiviert, das Handy gecheckt, Nachrichten schnell gelesen und die wichtigsten beantwortet. Dann geht's nach dem Frühstück vor die Tür und auf ins „Hamsterrad". Egal welcher Tätigkeit du nachgehst, einer Reizüberflutung deiner Sinne kommst du so gut wie nicht mehr aus, zumindest nicht unbewusst. Und damit wir in dieser reizüberfluteten Welt bestehen können und nicht jeden zweiten Tag durchdrehen, haben wir uns eben daran gewöhnt. Unser System akzeptiert das als unseren Normalzustand.

Und nun versuch mal in dieser reizüberfluteten Welt mit Stille klar zu kommen. Denn in der Stille wird uns dann so einiges bewusst, dass im Alltag „verschüttet" bleibt.

- Das Geplapper im Verstand geht los
- Körperempfindungen werden deutlich stärker wahrgenommen (Du spürst dich plötzlich)
- Verdrängte Gefühle kommen hoch (ob du willst oder nicht)

Je stiller es um uns wird, desto lauter hören wir unsere inneren Stimmen: „Was mach ich jetzt nur in der Stille, was soll ich tun, oder soll ich nichts tun, warum denke ich überhaupt darüber nach, oh Gott vielleicht bin ich nicht normal…" So oder so ähnlich könnte es dann losgehen, das Geplapper. Stille ist eine für uns ungewohnte Situation und lässt uns daher in die Unsicherheit abgleiten, was wiederum das Geplapper auslöst. Wenn du vielleicht Erfahrung mit Meditation hast, ist das bei dir vielleicht nicht mehr ganz so krass, aber wenn man erst beginnt, sich mit Stille zu befassen, kann das schon passieren. Aber wie kann ich das Geplapper abschalten, wenn es „über mich kommt? – Konzentriere dich auf deine Atmung. Sinke ganz in die Atembewegung ein: Einatmen – Ausatmen; denn mit der Atmung bist du automatisch ganz im Hier und Jetzt und die Gedanken (das Geplapper), die auftauchen ziehen weiter ohne dass du sie festhalten musst.

Und dann sind da in der Stille die deutlich intensiver wahrgenommenen Körperempfindungen. „In der Stille spüre ich Körperteile und Organe, die ich so den ganzen Tag nicht wahrnehme", könnte es da lauten. Warum? In der Nicht-Stille bin ich im Außen, in der Außenwelt, vom Input von außen geprägt und gesteuert. In der Stille bin ich im Hier und Jetzt und somit auch ganz bei mir. Da ist es nur logisch, dass ich mich weit intensiver wahrnehme, als in der Nicht-Stille. Achte auf deine Körperempfindungen; wo spürst du Verspannungen, wo ein Zucken, wo ein Brennen, wo ein Kribbeln. Dann versuche mit der Atmung ganz in diese Körperempfindungen hineinzugehen. Das mag dir am Anfang vielleicht komisch vorkommen, aber das hilft dir wieder mehr mit deinem Körper zu kommunizieren, denn dein Körper spricht über diese Empfindungen mit dir, will dir mitteilen, wenn etwas nicht stimmt, etwas nicht rund läuft.

Und je mehr du dich auf die Stille einlässt, desto eher können auch Gefühle hoch kommen mit denen du gar nicht gerechnet hast. Es kann sein, dass du plötzlich zu heulen beginnst, ohne zu wissen warum, oder innerlich zu lachen, dass es dich fast zerreißt, ebenfalls ohne zu wissen warum. Oft haben wir unsere Gefühle so tief vergraben, weil sie uns in unserer Außenwelt stören und hinderlich sind, weil wir eventuell negative Erfahrungen gemacht haben im Umgang mit diesen Gefühlen, daher weg damit. Aber weg damit heißt nicht aufgelöst, sondern nur vergraben. Und in der Stille kommen diese Gefühle dann wieder. Und auch hier bietet sich an: Versuch dich ganz diesen Gefühlen hinzugeben. Lasse sie zu. Versuch sie eventuell sogar noch zu intensivieren. Du wirst dich danach freier fühlen und auch Körperverspannungen werden sich dadurch lösen.

Stille und Nicht-Stille, wie zwei Welten. In einer sind wir es gewohnt zu leben, in der anderen nicht. In der Nicht-Stille leben wir fast ausschließlich im Verstand und in der Stille begeben wir uns in unseren Herzensraum, begeben wir uns zu uns selbst. Und wenn du erst einmal gelernt hast mit dir selbst in diesem Herzensraum zu verweilen, wirst du es lieben in der Stille zu sein, weil alles aus der Stille heraus auftaucht und auch wieder in der Stille verschwindet. Jeder Ton, jedes Geräusch tut das. Du kannst das selbst ganz leicht beobachten. Es kommt aus der Stille, verschwindet wieder in die Stille und ist während seiner Existenz von Stille umgeben. Somit liegt in der Stille die Urkraft der Nicht-Stille. Und wenn du dich in die Stille begibst, wirst du diese Urkraft auch spüren können. Sicher nicht beim ersten Versuch, wenn du dich mit Stille beschäftigst, aber sicherlich nach und nach.

Ich wünsche die eine stille kraftvolle Zeit

Bewusste Sprache

Wie oft achtest du auf deine Sprache und was die Wörter die du sagst eigentlich für eine Bedeutung haben. Wahrscheinlich nicht so oft, weil wir das auch nicht gelernt haben. Doch in der Sprache und speziell in der deutschen Sprache ist sehr viel Weisheit und Tiefgründigkeit enthalten, wenn man nur genauer hinhört. Und durch das nicht bewusste Erkennen einer Botschaft eines Wortes gehen somit auch viele Erkenntnisse an uns vorbei und wir bleiben weiter im Tal der Illusionierten....

Doch sehen wir uns mal ein paar Worte an, damit du erkennen kannst was ich meine:

Enttäuschung: Dieses Wort wird in der Regel verwendet, wenn wir drauf kommen, dass jemand nicht gehandelt hat wie wir es erwarten haben oder wie der andere es uns hat glauben lassen. Dann sagen wir gerne: „Jetzt bin ich aber sehr enttäuscht von dir" und empfinden das als negativ. Doch genauer betrachtet ist es genau das Gegenteil. Denn Enttäuschung heißt nichts anderes als: „Das ist nun das Ende der Täuschung", d.h. nun erkenne ich dein wahres Gesicht, ich lebe nun nicht mehr in einem Irrglauben – und das ist doch etwas Gutes, denn damit sind Missverständnisse ausgeräumt und Klarheit konnte nun einkehren.

Vorstellung: Dieses Wort verwenden wir gerne wenn wir meinen zu wissen wie etwas ist; dann sagen wir: „Meine Vorstellung davon ist so oder so", und glauben nun zu wissen wie es ist. Doch Vorstellung bedeutet es stellt sich etwas vor etwas. Und wenn wir uns das genauer ansehen, dann stellt sich da ein Konzept vor die eigentliche Wahrheit. Denn eine Vorstellung entsteht ja immer im Verstand und der Verstand kann die eigentliche Wahrheit nicht erkennen, somit stellt er das entwickelte Konzept (die Vorstellung) vor die Wahrheit (dem Sein). Das heißt wiederum eine Vorstellung aus dem Verstand bringt uns eigentlich nicht näher an die Wahrheit sondern verbirgt sie nur noch mehr.

Leidenschaft: Wir kennen alle solche Sätze wie: „Meine größte Leidenschaft ist es, …" Nun leben wir diese Leidenschaft aus und tun auch alles dafür, weil wir ja dafür brennen und was noch passiert ist das wir diese Leidenschaft irgendwann anfangen zu verteidigen, denn das ist ja „meins", „Meine Leidenschaft" und die lass ich mir nicht nehmen. Du kannst die Bedeutung nun vielleicht schon erkennen: Leidenschaft schafft Leiden. Warum? Weil wir verbissen an etwas festhalten und uns somit gegen den Fluss des Lebens wehren. Am Beginn der Leidenschaft tritt das wahrscheinlich noch nicht zu Tage, weil wir noch im Fluss sind, doch irgendwann ändern sich Lebensumstände, Rahmenbedingungen, dann passt diese Leidenschaft nicht mehr so 1:1 dazu und dann beginnt es zu „klemmen".

Lehrer: Viele von uns meinen wir brauchen eine spirituellen Lehrer um weiter zu kommen, von dem ich was lernen kann der mir was geben kann. Doch ein wirklich guter spiritueller Lehrer ist nicht einer der dir was gibt, sondern einer der dir alles nimmt, nämlich die Vorstellung davon wie und was du bist, d.h. ein guter spiritueller Lehrer ist eigentlich ein „Leerer". Wir meinen alle uns fehlt etwas um erleuchtet zu werden, um Frieden zu finden, doch das stimmt nicht. In Wirklichkeit haben wir alle viel zu viel; ein zu viel an Konzepten (soll weg, muss ich festhalten, muss ich unterdrücken)

Nachdenken: Wenn wir über Nachdenken nachdenken (klingt paradox), meinen wir meist damit, dass wir damit die Wahrheit erkennen können. Doch Nachdenken besteht aus „nach" und „denken". Nach bedeutet ich bin schon mal hinterher, nicht up to date. Und denken wissen wir findet im Verstand statt. Somit heißt „Nachdenken" etwas im Verstand im Nachhinein erfassen, ein Reagieren auf Erfahrungen aus der Vergangenheit (und alles was nicht in diesem Moment passiert ist Vergangenheit, selbst das Wort, das du gerade gelesen hast).

Entwicklung: Dieses Wort hat eine ähnliche Bedeutung wie ich dies schon beim Lehrer beschrieben habe. Wir meinen oft, dass es für die Entwicklung notwendig ist Erfahrungen und Wissen anzuhäufen. Doch eigentlich bedeutet Entwicklung „auswickeln, wegnehmen". Und wenn wir entwickelt sind, sind wir frei von allem Ballast. Doch in unserer Gesellschaft ist Entwicklung oft gleichbedeutend mit dem Gegenteil: Ballast anhäufen. Je mehr desto besser! – Ist in Wirklichkeit nicht je „weniger desto besser" näher am SEIN, näher am inneren Frieden?

Zweifel: Dieses Wort bedeutet man steht zwischen „zwei Fällen". Man ist hin und her gerissen, weiß nicht wie man sich entscheiden soll. Meist stehen diese zwei Fälle für unsere zwei Entscheidungsinstanzen: dem Verstand und dem Gefühl. Wir kennen das alle; der Verstand sagt „JA", das Herz sagt „Nein" oder eben umgekehrt. Welcher Instanz sollen wir nun trauen. Du hast vielleicht auch schon bemerkt, dass im Nachhinein betrachtet die Entscheidung aus dem Herzen die Richtige war oder eben gewesen wäre. Warum ist das meist so. Weil das Herz, das Gefühl näher am SEIN ist. Der Verstand ist begrenzt und will mit seinen Entscheidungsvorschlägen immer nur das EGO füttern, sonst nichts. Wenn du also wieder mal vor der Wahl stehst „Herz oder Kopf" bzw. „Gefühl oder Kopf" kannst du davon ausgehen, dass das Gefühl immer näher am SEIN liegt, was auch immer der Verstand für Gegenargumente hat. Das Gefühl weiß, was dein

LEBEN braucht, der Verstand kann nur wissen, was dein EGO braucht.

Allein: Das Wort „Allein" hat für viele einen Geschmack von Getrenntheit - Nur ich, sonst niemand. Doch genau betrachtet heißt allein „All ein". Also das genaue Gegenteil. Denn wenn dein wahres SEIN erkannt hat, dass es keine Getrenntheit gibt, dann ist man immer mit allem verbunden und somit immer mit allem SEIN verbunden. Somit steht Allein für das Allumfassende und nicht für das Allgetrennte.

Vielleicht hat dich dieser Artikel dazu angeregt genauer auf deine Wortwahl zu achten bzw. darauf zu achten was die Worte bedeuten die du wählst. Auf alle Fälle wünsche ich dir viel Bewusstheit bei deinen Gesprächen, sei es mit anderen oder auch mit dir selbst, vor allem mit dir selbst. Welche Wörter kommen in deinen Geschichten, deinen Glaubenssätzen so vor. Betrachte mal deren Bedeutung.

Bist du ein JA-Sager?

Auf die Frage „bist du ein JA-Sager" würden die meisten von Euch wahrscheinlich spontan antworten: Natürlich nicht, ich sag doch nicht zu allem „Ja und Amen". Doch es ist wahrscheinlich Wert das einmal etwas genauer zu erforschen. Sagst du wirklich zu jedem ausgesprochenen JA auch innerlich JA?

Wir kennen das doch alle. Wir werden um etwas gebeten und noch bevor wir uns versehen haben wir schon JA gesagt. Einmal gesagt, ist es schwer das zu revidieren. Wir führen dann oft einen inneren Monolog wie: „Warum hab ich da nur wieder zugesagt" oder „Das hatte ich wieder notwendig, dass ich da Ja gesagt habe". Wir ärgern uns dann über uns selbst. Aber warum? - Weil wir nicht ehrlich zu uns waren. Und wenn wir nicht ehrlich zu uns selbst sein können, zu wem sollten wir dann ehrlich sein können. Wenn das bei uns innerlich schon nicht funktioniert, dann kann es im Außen schon gar nicht funktionieren. Und diese Unehrlichkeit in uns selbst lässt uns ständig Dinge tun die uns eigentlich nicht entsprechen, nur weil es die Gesellschaft so erwartet, damit wir gut dastehen, damit wir nicht „negativ" auffallen, damit wir dazu passen, damit man uns mag, uns liebt, uns anerkennt, u.s.w.

Und dann kommt noch dazu, wenn ich NEIN sage, dann verletze ich doch den anderen, dann enttäusche ich ihn oder sie. Und da wir niemanden enttäuschen wollen, täuschen wir lieber länger vor. Denn die Enttäuschung wäre ja das Ende der Täuschung. Und bevor wir jemand anderen verletzen, verletzen wir lieber uns selbst. Wobei die Verletzung des anderen nur eine Annahme von uns ist, denn wissen können wir es nicht, wir haben es ja noch nicht einmal ausprobiert. Vielleicht ist der andere ja dankbar für unsere Ehrlichkeit. Er oder Sie kann sich dann darauf verlassen, dass wir es ehrlich meinen wenn wir JA oder NEIN sagen. Und ein NEIN betrifft ja nur die gestellte Frage, nicht unsere Beziehung zum Fragenden.

Natürlich bietet es sich an, wenn man NEIN sagt dazu zu ergänzen warum man NEIN sagt. Doch auch dabei sollte man möglichst bei sich selbst bleiben. Warum sage ICH nein. Die Begründung sollte genauso ehrlich wie das NEIN und nicht eine erfundene Ausrede sein, denn sonst hat dich das kein Stück näher zu dir selbst gebracht, und ist es nicht das worum es geht im Leben: Zu sich selbst zu finden, zum eigentlichen SEIN zu finden. Doch wie sollen wir das finden, wenn wir es nicht einmal schaffen bei einem einfachen JA oder NEIN ehrlich zu uns selbst zu sein.

Mir selbst fällt es natürlich auch nicht immer leicht ein ehrliches NEIN zu sagen, nicht dass du etwa glaubst ich hätte das schon voll heraus, aber ich versuche zumindest mir jede Unehrlichkeit bewusst zu machen und was erst mal im Bewusstsein ist, kann auch angeschaut werden. Ich kann Dich nur ermutigen es auszuprobieren und die Erfahrung zumachen was passiert, wenn du das nächste Mal ehrlich JA oder NEIN sagst und auch eine ehrliche Begründung dazu abgibst. Probier' es erst mal bei nicht ganz so wichtigen Dingen aus. Du wirst überrascht sein, wie anders die Reaktionen im Außen und in deinem Inneren sein werden als wie du erwartet hast. Im Außen wird das nie so schlimm kommen als man es sich dachte und im Inneren macht sich ein Gefühl der Befreiung breit. Und du hast auch noch dazu die Erfahrung gemacht, die dich für das nächste Mal sicherer sein lässt.

Und glaube mir in der Gesellschaft werden die NEIN-Sager weit mehr geschätzt als die JA-Sager, denn bei den NEIN-Sagern weiß man, dass ein JA ehrlich ist. Und Ehrlichkeit entspricht dem Leben, entspricht dem SEIN, Ehrlichkeit verbindet. Und im Sinne des Resonanzgesetzes wirst du auch erleben, dass mit vermehrter Ehrlichkeit zu dir selbst sich auch vermehrte Ehrlichkeit im Außen, in deinem Umfeld breit macht. Du wirst dich damit mehr

verbunden fühlen, mehr in der Einheit fühlen, mehr zuhause fühlen, mehr im inneren Frieden fühlen.

Das Leben mit Hochsensiblen Menschen

Das Zusammenleben mit hochsensiblen Menschen ist interessant und anstrengend zugleich. Da ich selbst mit einem hochsensiblen Menschen mein Leben teile kann ich das hautnah beurteilen. Aber zunächst mal für all jene die sich jetzt fragen: „Was macht einen hochsensiblen Menschen denn aus?". Hochsensibilität oder Überempfindlichkeit ist ein Phänomen, bei dem Betroffene stärker als der Durchschnitt auf Reize reagieren, diese viel eingehender wahrnehmen und verarbeiten.

Reize werden tiefer, intensiver und detaillierter wahrgenommen und gespeichert. Oft wird diese Eigenschaft mit bloßer Nervosität und Empfindlichkeit verwechselt, jedoch ist die Ähnlichkeit rein äußerlicher Natur. Überempfindlichkeit im profanen Sinne ist meist eine persönliche unverhältnismäßig starke Reaktion auf Reize, die nicht mit erhöhter Bandbreite der Wahrnehmung einhergehen muss, was bei einer HSP (hochsensitive Person) fast immer der Fall ist.

Durch die verstärkte Reizaufnahme und ihre tiefere Verarbeitung ergeben sich im Großen und Ganzen Charaktereigenschaften, die Introversion, unreflektiertes Schließen von sich auf andere, intensives Erleben der zwischenmenschlichen Beziehungen, starke Reaktionen auf Medikamente, Alkohol und Koffein sowie Anfälligkeiten für Stress, Leistungsdruck und Zeitknappheit umfassen.

HSP fallen dadurch auf, dass sie selbst scheinbar unbedeutenden Sachen große Bedeutung beimessen. Der Hang zur Gewissenhaftigkeit und Detailverliebtheit sowie die Wertschätzung der sozialen Kommunikation erfordern Zeit, Akribie und eine ruhige Atmosphäre, die nicht immer gegeben ist. Bei Leistungsdruck und Tätigkeiten, die schnelle Entscheidungen fordern, sind die HSP sehr häufig überfordert, eben aufgrund der Unmöglichkeit der geistigen Reduktion auf nur eine Aufgabe oder einen Wahrnehmungsbereich. Gemessen am Ideal der Leistungsgesellschaft ist dies ein Nachteil, auch dadurch bedingt, dass die HSP oft typische Querdenker sind und in ihren Problemlösungsstrategien nicht den gesellschaftlichen Standards entsprechen, welche sie oft für zu primitiv und ineffizient halten. Aber auch im privaten Bereich ist Hochsensibilität nicht unbedingt ein Vorteil; zwar ermöglicht HS sehr enge zwischenmenschliche Beziehungen, andererseits stoßen HSP bei Nicht-Hochsensiblen leicht auf Unverständnis, wohl auch, weil Hochsensible dem Verhalten des Anderen oft zu viel Bedeutung beimessen und daraus mitunter sehr weitreichende Schlüsse ziehen. Dennoch korreliert Hochsensibilität durchaus mit hohem Einfühlungsvermögen.

Wie erlebe ich nun diesen HSP an meiner Seite bzw. was bedeutet das für mich? Für mich ist es einerseits ein Segen, dass ich Venu als HSP an meiner Seite habe, denn sie ist für mich wie ein Frühwarnsystem. Sie nimmt Dinge wie Empfindungen, Gefühle, Wahrnehmungen um vieles schneller und intensiver wahr als ich es jemals könnte. Das erspart mir bzw. uns durch diese Früherkennung oft viel Ärger. Anfangs tat ich das auch oftmals als „Spinnerei" ab, aber die Zeit hat mich gelehrt, dass sie in den meisten, wenn nicht in allen Fällen mit ihrer Früherkennung und Empfindsamkeit immer richtig lag. Sei das das Einschätzen neuer Bekanntschaften, das Beurteilen von Lebensmitteln, oder auch die Interpretation von Ereignissen. Ich musste mit der Zeit lediglich lernen darauf zu vertrauen, dass sie bereits intuitiv Dinge erkannte, die in meinem Erlebniskorridor noch nicht präsent waren. In dieser Hinsicht ist es wie gesagt ein Segen Venu an meiner Seite zu haben.

Andererseits ist es aber natürlich auch anstrengend, vor allem für sie, da sie als HSP im gesellschaftlichen Umfeld oftmals als Außenseiter gilt. So fällt es ihr schwer sich in großen Menschenansammlungen aufzuhalten, die sie energetisch „zumüllen" und sie so zugleich auch als „Energievampire" aussaugen. Das hat unmittelbare körperlich Auswirkungen, was sich bis hin zu Fieber äußern kann. Dann ist sie auch auf der körperlichen Ebene sehr empfindsam, sodass sie zum Beispiel sofort auf „ungeeignete" Lebensmittel reagiert, bei denen ich noch bei weitem nichts merke – noch nicht. Es kommt dann schon mal vor, dass ich (mein Körper) 10 Jahre später auch darauf reagiere, muss aber nicht sein.

Und auch was die Kommunikation mit der Außenwelt betrifft oder die Interpretation von Medienberichten, habe ich festgestellt, dass Venu als HSP ihrer Zeit weit voraus ist. So ist sie mit ihren Erkenntnissen mindestens 10 Jahre dem Mainstream voraus, wodurch sie leider immer wieder als Verschwörungstheoretiker gilt. Aber da ich nun schon 30 Jahre an ihrer Seite lebe, konnte ich auch da feststellen, dass ich mich eigentlich auf ihre intuitive Wahrnehmung ganz gut verlassen kann. Als HSP hat sie es da natürlich auch immer schwer ihre Meinung in der Öffentlichkeit zu vertreten und sei es nur unter Freunden, da ihre Erkenntnisse von Nicht-HSP's zunächst mal nicht verstanden und abgelehnt werden.

Ich habe für mich jedenfalls festgestellt, dass zunächst mal nichts so ist wie es scheint, soll heißen so wie wir es mit unseren Sinnen wahrnehmen (sprich was wir hören, sehen, riechen, u.s.w.). HSP's haben die Angewohnheit alles zu hinterfragen und das ist gut so. Venu hat mich mit ihrer HSP-Lebensweise auf alle Fälle aus dem Bio-Roboterdasein herausgerissen (auch wenn es sehr sehr lange gedauert hat; danke für ihre Geduld).

Heute bin ich dankbar an der Seite eines HSP leben zu dürfen und genieße die Vorteile weit mehr als die Nachteile, was zu Anfang natürlich genau umgekehrt war.

Vielleicht hast du es in deinem Umfeld ja auch mit hochsensiblen Menschen zu tun. Wenn das so ist, verurteile sie nicht gleich, nur weil sie anderes sind und anders denken als die Masse. Sei dankbar dafür, dass du sie kennst, denn nur von anders Denkenden und anders Fühlenden kann man etwas lernen und damit auch wieder mehr über sich selbst erfahren. Lass dich darauf ein, es wird sich lohnen, glaube mir.

Die Atmung: Das geeignete Tor zum JETZT

Viele sind sich einig, dass es immer nur diesen einen Moment gibt, der wirklich real ist. Nur um diesen bewusst wahrzunehmen, musst du mit deiner Aufmerksamkeit ebenfalls im Jetzt verweilen, denn ansonsten verpasst du diesen Moment. Und wir alle kennen das: Unser Verstand bringt uns ja ständig weg vom Moment, indem er uns in die Vergangenheit oder Zukunft abschweifen lässt (die übrigens nicht real sind). Aber wie können wir es schaffen im Moment zu verweilen, um diesen einzigen realen Moment auch mit zu bekommen, bewusst mit zu bekommen?

Es gibt hierfür viele Möglichkeiten um den Geist im Moment zu behalten. Meditation ist eine, Extrem-klettern wäre eine andere oder Seiltanzen über einer tiefen Schlucht. Bei den letzten beiden bist du gezwungen voll im Hier und Jetzt zu sein, denn sonst war's das. Aber es geht auch ungefährlicher: Bewusst atmen. Jetzt höre ich schon den einen oder anderen sagen: Was soll das, ich atme sowieso, wie soll mich das ins Jetzt bringen? – Indem du es bewusst machst. Denn der Atem ist immer im Moment. Und wenn du dich mit deiner ganzen Aufmerksamkeit auf deinem Atem konzentrierst, bist du ganz automatisch im Jetzt. Und wenn du dabei noch versuchst sehr tief zu atmen, erhältst du dabei auch noch einen Schwung Lebensenergie. Vielleicht hat der eine oder andere von euch sogar schon mal eine bewusst Atemreise mit gemacht oder auch für sich alleine durchgeführt, dann wirst du erkannt haben, welche enorme Energie im Atmen enthalten ist. Ich selbst habe das vor gar nicht allzu langer Zeit erstmalig durchgeführt und ich war verblüfft wie enorm sich der Atem bzw. die bewusste Atmung auf das ganze System auswirken kann. Ich kann das nur weiter empfehlen.

In vielen, wenn nicht in allen spirituellen Lehren hat die Atmung immer eine sehr entscheidende Rolle eingenommen und tut das immer noch. Der Grund hierfür liegt auf der Hand: Nur wenn du im Hier und Jetzt bist, kannst du zu dir selbst finden und zu inneren Frieden gelangen, und das bewusste Atmen bringt dich dort hin. Zudem ist es der Atem, der uns alle offensichtlich mit einander verbindet. Jeder atmet dieselbe Luft, egal ob Mensch oder Tier, jedes Lebewesen folgt diesem Rhythmus von Ein- und Ausatmen. Es ist wie das Yin und das Yang.

Und an und für sich liegt es auch in der Natur des Menschen tief ein und aus zu atmen, doch wenn wir unseren normalen Atemrhythmus beobachten werden die meisten erkennen, dass der Atem flach und kurz ist. Das ist ein Spiegel unserer hektischen Zeit, in der Quantität mehr zählt als Qualität. So denken wir auch unbewusst, dass kleine schnelle Atemzüge besser sind, als lange und tiefe. Doch in diesem Fall gilt weniger ist mehr. Darum ist es gut und wichtig wieder das richtige Atmen zu lernen, oder besser gesagt sich wieder daran zu erinnern. Und wie das so ist beim Lernen, muss man zunächst das zu Erlernende bewusst machen, bis es schließlich zum Automatismus des Unterbewusstseins wird. Und wenn unser Unterbewusstsein wieder das richtige Atmen erlernt hat, bzw. sich wieder daran erinnert hat, wirst du automatisch vermehrt im Jetzt verweilen. Und wie bereits erwähnt hat du dann die besten Voraussetzungen um zu dir Selbst zu finden, um dein Selbst zu finden, um nach Haus und zum inneren Frieden zu finden.

Ich wünsche dir viel Erfolg, solltest du dich dazu entschließen bewusster und tiefer zu atmen. Ich wünsche dir einen „langen Atem" dabei ☺

Leben aus dem Herzen

Das ist für viele bestimmt der sehnlichste Wunsch aus dem Herzen heraus zu leben, aus dem spirituellen Herzen. Wenn wir uns vollständig darauf fokussieren und mit unserer vollen Aufmerksamkeit im spirituellen Herzen sind, verspüren und versprühen wir eine unendliche Liebe und Verbundenheit. Doch leider können die meisten von uns diesen Zustand, sofern sie ihn erreichen nicht halten. Aber warum ist das so? Weil wir im Alltag meist nicht im spirituellen Herzen zuhause sind, sondern in unserem Verstand.

Was unterscheidet eigentlich das spirituelle Herz von physischen Herzen, oder ist das dasselbe, wird sich jetzt bestimmt der eine oder andere Fragen. Nun zur Aufklärung: Das spirituelle und physische Herz sind nicht dasselbe. Das physische Herz ist unsere Pumpe im Körper, deren Schlagrhythmus wir ganz deutlich wahrnehmen können. Unser spirituelles Herz ist der Energietropfen in uns, der die Einheit nie verlassen hat, der alles weiß und alles kann. Der Sitz dieses Energietropfens ist in der Mitte unserer Brust, im Herzchakra. Wenn wir über uns selbst sprechen, deuten wir mit unserer Hand meist unbewusst auf diesen Punkt. Vielleicht kannst du sogar ein leichtes Vibrieren wahrnehmen, wenn du deine Hand darauf hältst. Das ist das Vibrieren, das von diesem Energietropfen ausgeht. Wenn du es jedoch nicht spüren kannst, macht das auch nichts, es ist auf jeden Fall da.

Wie kann ich aber nun für mich diesen sehnlichsten Wunsch aus dem spirituellen Herzen heraus zu leben näher kommen und in weiterer Folge diesen Zustand halten? Nun, eins nach dem anderen.

Wie kann ich den Zustand erreichen? Hierfür ist zunächst mal wichtig zu verstehen, dass der Verstand nicht unser Feind ist, der uns daran hindert aus dem spirituellen Herzen heraus zu leben. Vielmehr geht es darum Verstand, Herz und Unterbewusstsein zu integrieren. Aber wie? Wie in einigen anderen Artikeln erwähnt wird, geht das sehr gut mit der Atmung, weil uns die Atmung im JETZT hält. Um in der Anfangsphase in diesen Zustand zu kommen sind auch Meditationen sehr hilfreich. Ich für mich liebe da die Bewegungsmeditationen, z.B. die Sufi-Meditationen der 4 Himmelsrichtungen. Diese in Verbindung mit einer bewussten tiefen Atmung aus dem Bauch heraus bringen mich immer sehr schnell in diesen Zustand. Am besten gehst du ohne jede Erwartung an die Sache heran, denn ansonsten ist dein Fokus wieder ausschließlich auf den Verstand ausgerichtet. Dann genieße einfach die Atmung, Meditation oder was immer für dich passt und gib dich dem hin was ist. Wenn du das erreichen kannst, empfehle ich dir solange wie möglich in dieser Herzensenergie zu baden. In dieser Energie ist die Verbindung Verstand-Herz-Unterbewusstsein sehr stark und beginnt zu verschmelzen. Wir erinnern uns dann wieder an diese Herzensenergie, diesen Geschmack von unendlicher Liebe – Ach, wie wohltuend.

Nun ist es eine Sache über Meditationen oder was auch immer gezielt in diesen Zustand, diese Erinnerung zu kommen, aber eine andere das in Alltag aufrecht zu erhalten, um dauerhaft aus dieser Herzensenergie heraus zu leben. Wie schaffe ich das nun?

Mein Tipp wäre hier: Versuche auch da nichts zu erzwingen (das kannst du sowieso nicht). Aber wenn du erst mal diese Herzensenergie wahrgenommen hast, ist wieder ein Funke in die entzündet worden, der dein System zu brennen bringen wird. Dieses Feuer wird sich schließlich in dir ausbreiten und auch deinen Alltag mit Licht (der Liebe) erhellen. Du wirst automatisch in

Resonanz zur Herzensenergie gehen und dein Alltag wird sich nach dieser Resonanz ausrichten. Denn unser Leben (unser Alltag) passt sich immer unseren Resonanzen an und niemals umgekehrt. Aber vielleicht stellt sich dir dann diese Frage gar nicht mehr, denn du wirst auch bemerken, je mehr du in dieser Herzensenergie lebst, desto mehr verschwinden die „unnötigen" Fragen, da der Verstand nicht mehr das Kommando hat.

Ich wünsche Dir viele tolle Erlebnisse und Erkenntnisse auf deinem Weg zur Herzensenergie. Ich hatte sie auch.

Braucht es einen Lehrmeister zur Meisterschaft des Lebens?

Viele sind der Meinung es braucht zum Erwachen einen Lehrmeister, einen Guru, der mich zum Erwachen führt. „Alleine schaffe ich das nicht". Viele sind sogar der Meinung es Bedarf einer Reise nach Indien, um in einem Aschram zu verweilen und auf die Erleuchtung zu hoffen. Verstehe mich bitte nicht falsch, ich möchte so etwas nicht ablehnen oder gar verurteilen, es kann sogar sehr hilfreich sein auf dem Weg zum Erwachen.

Ich selbst habe auch Hilfe einer spirituellen Lehrerin in Anspruch genommen und bin dem LEBEN unendlich dankbar für die Erkenntnisse, die ich durch diese Hilfe erfahren habe. Doch Erwachen kannst du nur in dir und nicht durch jemanden, das sollte dir immer bewusst sein. Das Erwachen und die Erleuchtung kommt immer von innen, nie von außen.

Doch Tatsache ist, dass der Lehrmeister zum Erwachen, der Lehrmeister des Lebens immer mit uns ist – Es ist der derzeitige Moment. Der Lehrmeister ist immer das was gerade da ist und der größte Lehrmeister ist das was mich daran am meisten stört.

Die Frage ist also: Höre ich meinem Lehrmeister zu?, höre ich dem LEBEN zu?, denn anwesend ist dieser Lehrmeister immer. Vor allem sich wiederholende Situationen weisen dich ganz klar auf etwas Bestimmtes hin und wollen dir damit etwas lehren. Es liegt an dir dafür offen zu sein, diese Lehrsituationen anzunehmen oder abzulehnen. Willst du mutig sein und die Herausforderungen des LEBENS annehmen und aus diesen Lehren tiefe Erkenntnisse ziehen, oder willst du das Opfer sein und dich vom LEBEN hin- und her beuteln lassen – deine Entscheidung.

Doch auch wenn du dich dem Lehrmeister LEBEN verschließt, er wird nicht von deiner Seite weichen. Glaube mir, dieser Lehrmeister ist geduldig, er hat Zeit (er kennt ja keine). Es gibt für dich also eigentlich nur 3 Möglichkeiten:

1. Nimm das LEBEN an so wie es ist, verstehe die Botschaften hinter den Situationen, die dir begegnen und lerne daraus
2. Verschließe dich dem LEBEN und gib jedem anderen die Schuld für die Situationen, die dir ständig widerfahren
3. Geh unter und stirb (und damit meine ich das Sterben deines Körpers)

Vielleicht fällt dir sogar noch eine 4. und 5. Möglichkeit ein, aber das ist eigentlich irrelevant. Die eigentliche Entscheidung lautet: Für oder gegen das LEBEN!

Viele von Euch höre ich jetzt innerlich sagen, ja einige sogar schreien: „Für, Für, Für das Leben." Sehr gut wenn du einer dieser bist, denn das zeigt das der Spirit in dir noch nicht erloschen ist, der Sprit noch nicht verbraucht.

Nun dann, dann heiße deinen Lehrmeister, der dich stets umgibt herzlich willkommen, umarme ihn bildlich und sei dankbar und achtsam, damit du wohl auch alle Lektionen, die das LEBEN so bietet auch mit bekommst. Lerne dich durch diese Lektionen kennen und erfahre deine wahre Wesensnatur. Und stell dich darauf ein, dass auch Lektionen dabei sein werden, die auch „Nachhilfestunden" erforderlich machen können. Dann scheue dich nicht einen „Nachhilfelehrer" zu konsolidieren, um die Lektion zu lernen. Die Erkenntnis aus diesen Lektionen sind es auf alle Fälle wert, glaube mir. Nein eigentlich nicht „glaube mir", denn was hilft es dir, wenn du mir glaubst – gar nichts. Erfahre selbst, erkenne und erwache, das ist das was ich DIR wünsche.

Somit komme ich zurück auf die Eingangsfrage: Braucht es einen Lehrmeister zur Meisterschaft des Lebens? – JA, das LEBEN selbst und der Lehrmeister im Außen kann dich dabei natürlich unterstützen.

Viel Erfolg wünsche ich DIR.

Warum wollen wir an Lügen glauben?

Was sind deine Lügen an die du glaubst? Jetzt wirst du mir vielleicht entgegnen: „Wenn ich weiß, dass es eine Lüge ist, glaube ich doch nicht dran!". Wenn das so ist, denk vielleicht einmal genauer darüber nach. Gibt es da nicht auch bei dir Geschichten, an die du glaubst, obwohl du in deinem Innersten genau spürst, dass das eine Lüge ist? Nehmen wir mal ein Beispiel an das viele glauben: Wenn ich krank bin, gehe ich zum Arzt, weil der macht mich wieder gesund. Stimmt das?

Im Innersten weißt du natürlich, dass das nicht stimmt, denn erstes macht dich nicht der Arzt gesund, sondern immer nur du selbst und zweitens verschreibt dir der Arzt in der Regel ein oder mehrere Medikamente, also Gift mit Nebenwirkungen, die zwar scheinbar die aktuelle Krankheit bekämpfen (ja richtig: bekämpfen und nicht heilen) aber zeitgleich jedoch andere Schäden in deinem System hervorrufen, womit dein nächster Besuch beim Arzt vorprogrammiert ist. Aber diese Geschichte, diese Lüge, der Arzt macht mich gesund, ist eben mal eine schöne, weil wir dadurch erstens die Verantwortung für unsere Gesundheit abgeben können und zweitens können wir uns dadurch in die Opferrolle begeben, indem wir sagen: „ICH kann ja nichts dafür, wenn ich krank werde"- Und das ist natürlich bequem und darum halten viele Menschen an dieser Lüge fest und verteidigen diese wenn es sein muss bis aufs Blut.

Eine andere Lüge die viele glauben ist, dass die Politiker unserer Regierungen dafür da sind dem Volk zu dienen. Das ist wieder praktisch, weil wir dadurch wieder Verantwortung abgeben können. Sie sagen uns was wir tun sollen und wir tun es, denn es wird schon richtig sein (sind ja schließlich alles studierte Köpfe, die sich die Gesetze ausgedacht haben). Ein weiteres Beispiel wäre das Wahlrecht. Ich habe in unserer Demokratie das Recht unsere Regierungsvertreter zu wählen. Wenn du genau hinsiehst, erkennst du jedoch sehr schnell, dass das auch nur ein weitere Lüge ist. Denn am Wahltag, gehst du zur Wahlurne, gibst deine Stimme ab und das war's. Da du nun deine Stimme abgegeben hast, hast du auch nichts mehr zu sagen, und da die abgegebene Stimme in einer Urne landete hast du sie sogar selbst zu Grabe getragen.

Das waren nun 3 Beispiele für sehr globale Lügen, die noch sehr viele Menschen für praktisch finden, weil sie dadurch keine Eigenverantwortung übernehmen müssen.

Doch wir glauben nicht nur an die globalen Lügen, das fängt schon im kleinen Kreise der Familie an. Ich liebe meinen Partner, denn sonst wäre ich ja nicht mit ihm zusammen. Ach klingt das schön, doch stimmt das wirklich, oder ist das nur eine Lüge die du dir vielleicht selbst vorgaukelst? Vielleicht bist ja nur mit deinem Partner zusammen, weil du nicht alleine sein willst, oder weil das Haus noch nicht abbezahlt ist, oder weil die Kinder noch klein sind, oder …

Oder nehmen wir eine Lüge, die noch näher an dir dran ist: Ich muss arbeiten gehen, damit ich meinen Lebensunterhalt verdiene? Stimmt das? Wenn das so ist, warum überleben dann all jene, die keine Arbeit haben? Siehst du? Wenn das so ist lügst du dich selber an, damit du nicht näher hinschauen musst, und das ist eben praktisch.

Und dann gibt es da noch die Lügen der Menschheit, die für die meisten von uns als absolute Wahrheit angesehen werden, fast schon wie Naturgesetze.

Die erste dieser Lügen ist die Lüge der Getrenntheit. „Ja ich weiß", höre ich dich sagen, „das hört man ja fast schon überall, dass wir alle eins sind, aber trotzdem gibt es da ein DU und ICH". Und solange du in dieser Illusion gefangen bist lebst du auch in dieser Getrenntheit, weil du diese Lüge lebst.

Eine zweite dieser Lügen der Menschheit ist die Lüge der Zeit. Für viele von uns ist es wie in Stein gemeiselt, dass Vergangenheit und Zukunft existiert, dass sie vehement alles ablehnen, das gegen diese These (Lüge) argumentiert. Aber trotzdem ist es eine Lüge. Alles was passiert, passiert im JETZT. Wenn du über die Vergangenheit sprichst oder nachdenkst, tust du das jetzt und wenn du dir Sorgen oder Hoffnungen über die Zukunft machst tust du das auch jetzt.

Ich nenne die Lügen bewusst „Lügen der Menschheit", denn kein Tier oder keine Pflanze oder ein anderes Lebewesen außer uns Menschen käme auf die wahnsinnige Idee, dass wir getrennt sind, oder dass es so etwas wie Zeit gibt. „Zeit, das verstehe ich nicht", würde ein Tier sagen. „Was meinst du mit Zeit, es ist doch JETZT".

Aber ich will dich hier nicht kritisieren. Ich möchte dir nur aufzeigen, dass die Welt nicht so perfekt ist, wie sie scheint. Wir alle leben mit der einen oder anderen kleinen und auch großen Lüge um ein (scheinbar) bequemes Leben zu führen. Entscheidend dabei ist, ob du weißt, dass du mit einer Lüge lebst oder nicht, sprich lebst du bewusst oder unbewusst. Wenn du unbewusst mit deinen Lügen lebst, wirst du immer wieder in Situationen kommen, wo deine Lügen mit der Wahrheit konfrontiert werden und dann entsteht in dir ein innerer Konflikt, den du gar nicht lösen kannst, weil du die Lüge selbst als Wahrheit ansiehst. Wenn du aber bewusst mit deinen Lügen lebst, weil es eben oft für einen selbst und im Umgang in der Gesellschaft bequemer ist, dann kannst du in der Konfliktsituation die Lüge ansehen als das was sie ist, eben eine Lüge mit der du leben willst, und schon hat sich der Konflikt wieder aufgelöst und du kannst friedvoll weiter leben.

Du erkennst dann, dass Lüge im stillen Raum auftaucht und auch wieder in diesem verschwindet und dass die Lüge nichts mit DIR zu tun hat. Du gebrauchst sie nur für bestimmte Dinge und legst sie wieder beiseite, wenn du sie nicht mehr benötigst, aber du bist nicht mehr mit dieser Lüge identifiziert.

Und wenn du soweit bist, hast du den ersten Schritt aus der Lügenfalle getan. DU erkennst sie als das an was sie ist, auch wenn du noch damit leben möchtest. Und das ist vollkommen in Ordnung. Du wirst weiterhin solange damit leben, wie es für dich richtig ist und keinen Moment länger (aber auch nicht kürzer).

Die Lügen, an die wir glauben, geben uns natürlich auch ein gewisses Maß an Sicherheit, auch wenn wir wissen, dass es Lügen sind. Und wenn wir noch nicht bereit sind die Komfortzone zu verlassen, ist das auch o.k., denn sonst wäre es nicht so. Wenn du also erkannt hast, dass du mit der einen oder anderen Lüge lebst, mach dir deswegen keinen Stress. Durch das Erkennen lebst du bereits freier und wenn der Zeitpunkt gekommen ist die Lüge fallen zu lassen, wirst du es tun. Dann bist du wieder einen Schritt näher an der Wahrheit dran, hast dich selbst ein Stück weit mehr erkannt und bist näher an den inneren Frieden herangerückt. Wenn dir das so geschieht gratuliere ich dir, den dann bist du wieder einen Schritt näher am Erwachen.

Gut und Böse

Wir alle sind im Leben mit Gut und Böse konfrontiert. Einerseits sehen wir das Chaos auf der Welt, die Terroranschläge, die Kriege und das Leid, das durch das Böse hervorgerufen werden und andererseits sehen wir aber auch die schönen Dinge auf der Welt, die Musik, die Herzlichkeit zwischen Menschen und Hilfsbereitschaft, die durch das Gute hervorgerufen werden. Mit den schönen Dingen mögen wir uns gerne identifizieren, bei den bösen Dingen ist das eher nicht der Fall. Da sagen wir schnell: „Wie kann man das nur tun, wie kann man das nur zulassen".

Doch ist die Welt nicht der Spiegel unseres Innenlebens? Haben wir in uns etwa auch Gut und Böse vereint, durch das die Welt hervorgerufen wird? „Ja sicher schon, aber ich rufe doch keine Kriege hervor" höre ich jetzt den einen oder anderen entgegnen. Doch schau mal etwas genauer nach innen. Herrscht nicht vielleicht in dir innerlich auch ein Krieg. Etwas, das du nicht haben willst, oder etwas das du haben willst, aber nicht hast und gibt es da vielleicht auch etwas, das du unterdrücken willst? Und wie sieht es da mit deinem näheren Umfeld aus? Bist du da in Frieden mit dem wie es ist, oder herrschen da vielleicht auch kleine Kriege, zum Beispiel am Arbeitsplatz oder in der Familie und kannst du in deinem Umfeld eventuell auch einen gewissen Terror erkennen, der vielleicht sogar von dir ausgeht?

Wenn du ehrlich zu dir selbst bist, wirst du bei dem einen oder anderen Punkt sicher zustimmen. Und wie sieht es jetzt aus mit der Aussage: „Wie kann man das nur tun, wie kann man das nur zulassen".

Siehst du, egal ob großer Krieg mit dem Verlust von vielen Menschenleben oder kleiner Krieg mit kleinen oder großen Verletzungen, Krieg ist Krieg und Terror ist Terror, egal wie groß die Ausprägung ist.

Und wenn wir Frieden auf der Welt wollen, kann jeder nur bei sich selbst anfangen und der Frieden fängt ganz nah bei dir an, nämlich tief in dir drinnen. Und dieser innere Krieg entsteht durch die Bedürfnisse deines getrennten Egos. Weil du dich getrennt von den anderen fühlst, glaubst du, dass das was der andere hat, egal ob materiell oder immateriell, nicht zu dir gehört und du willst das auch haben oder dass der andere vielleicht nicht mehr hat und schon ist die Grundlage für den Krieg in dir geschaffen, den du über kurz oder lang nach außen trägst.

Wenn du diesen Mechanismus des Egos jedoch einmal erkennst, den Mechanismus des Festhaltens, des Weghaben wollen oder des Unterdrückens, dann hast du den größten Schritt zu deinem inneren Frieden schon gemacht. Dann liegt es ab nunmehr daran zu beobachten, was in deinem System passiert, wenn so ein Mechanismus aufgerufen wird. Welche Gefühle tauchen auf, welche Handlungen folgen nun in der Regel, wo kannst du Getrenntheit erkennen? Wenn du das checkst, weißt du wie dein Ego funktioniert und du kannst dich entscheiden ob du weiterhin die Mechanismen deines Egos ausführen willst, oder ob du dein Ego vielleicht lieber bei Seite legen willst. Und das geht eigentlich ganz einfach. Durch inneres Beobachten und Achtsamkeit in jedem Moment. Das setzt natürlich voraus, dass du auch im Jetzt lebst und nicht in den Geschichten des Egos verhaftet bist, das dich ständig in den Glaubenssätzen der Vergangenheit und der Zukunft gefangen hält.

Da die Mechanismen des Egos jahrelang erprobt und durchlaufen wurden, bedarf es natürlich auch eines gewissen Trainings, um im Jetzt und außerhalb des Egos zu leben. Aber je mehr du dich im Beobachten und in der Achtsamkeit übst, desto leichter und leichter wird es dir gelingen im Jetzt zu bleiben. Dann taucht der innere Frieden in dir auf, der immer schon da war.

Und je mehr Menschen in diesen Zustand kommen, desto weniger Krieg wird aus dem Kollektiv ausgesandt und desto mehr kommen wir alle in die Herzlichkeit und den Frieden. Du kannst also nur bei dir selbst beginnen die Welt zu verändern, denn die Welt die du wahrnimmst ist sowieso immer nur dein eigener Spiegel, das ist das Resonanzgesetz. Und wenn mehr und mehr Menschen im inneren Frieden leben, strahlen sie diese Resonanz auch aus. Jeder Krieg, und sei er auch noch so klein und jeder Frieden beginnt in uns, beginnt in dir. Und du selbst hast die Wahl, wählst du Krieg oder Frieden, wählst du Gut oder Böse.

Was bedeutet Erfolg für Dich?

Es liegt vor allem in der Mentalität unserer westlichen Gesellschaft erfolgreich sein zu wollen, um nicht zu sagen „zu müssen". Doch was bedeutet es wirklich erfolgreich zu sein. Heißt das einen herzeigbaren Job zu haben, eine funktionierende Familie, ein neues Auto, ein Haus, ein dickes Bankkonto? Was bedeutet es für dich Erfolg zu haben? Und wenn du dann das Ziel erreicht hast, den Erfolg sozusagen ernten kannst, wie fühlt sich das dann an? Fühlst du dich bestätigt und wertgeschätzt? Und vor allem, hält dieses Gefühl dauerhaft an?

Sicher ist wohl nur, dass Erfolg für jeden etwas anderes bedeutet. Bevor ich dir erzähle, was Erfolg für mich bedeutet will ich zuvor gerne ein paar sehr häufig verbreitete Meinungen zu Erfolg betrachten:

Der erfolgreiche Geschäftsmann (oder Geschäftsfrau): Für viele stellt das den Inbegriff für Erfolg dar. Nur wenn du in deinem Job erfolgreich bist, sprich in der Karriereleiter oben angekommen bist und ein dementsprechendes Bankkonto vorweisen kannst, dann hast du es geschafft. Das lässt sich gesellschaftlich herzeigen, da geht man doch erhobenen Hauptes auf jede Party und lässt sich gerne als erfolgreichen Helden feiern.

Der erfolgreiche Familienmensch: Erfolgreich zu sein heißt auch für viele eine intakte Familienstruktur vorweisen zu können. Mann, Frau und mindestens 2 Kinder (wenn geht Junge und Mädchen), denen man ein Leben mit Perspektiven ermöglichen kann und in der Harmonie und Frieden vorherrscht, in der man sich zu 100% auf den anderen verlassen kann.

Der erfolgreiche Single: Immer gut gestylt und attraktiv für das andere Geschlecht. Je mehr Beziehungen du vorweisen kannst umso erfolgreicher wirst du von den eigenen gleichgeschlechtlichen Freunden gesehen. Zumindest bei Männern und zumindest glauben diese Singles das.

Doch bei den meisten dieser klischeehaften Erfolgsvarianten geht es immer um Erfolg im Außen. Im Vertrauen und wenn diese Erfolgsmenschen ehrlich zu sich selber sind, dann sind diese oft gar nicht glücklich, obwohl sie doch im Außen alles haben, was man sich nur wünschen kann. Doch hier liegt eben die Falle; den Erfolg im Außen zu suchen. Und wenn der Erfolg, der dauerhaft andauernde und vor allem zufrieden machende Erfolg nicht im Außen zu finden ist, dann muss er wohl im Inneren zu finden sein, in uns selbst.

Nun stellt sich die Frage. Wenn ich nun Innenschau halte, was bedeutet für mich dann Erfolg, wie würde ich das für mich selbst definieren? – Ja, das muss jeder für sich selbst raus finden, da gibt es kein „allgemeines Kochrezept". Doch wesentlich ist es auch hier wie überall sonst: Zu erkennen und den ersten Schritt zu machen.

Ich kann mich noch gut daran erinnern als ich mich in den 90igern einmal für einen Job beworben habe. Da wurden wir Bewerber im Zuge eines Assessment-Centers gefragt, was es für uns bedeutet erfolgreich zu sein. Die meisten Antworten der Bewerber lauteten in etwa: „In der Karriereleiter nach oben zu kommen", oder „die an sie gestellten Anforderungen mit vollem Einsatz zu meistern und optimale Ergebnisse zu erzielen". Meine Antwort lautete: „Für mich bedeutet Erfolg innere Zufriedenheit mit dem was ich tue" In den Gesichtern der Assessment-Kommission konnte ich sehr rasch ein Erstaunen über diese Antwort ablesen. Anscheinend waren sie so perplex über diese Antwort, dass sie auch nicht weiter nachfragten, wie ich das denn meine. Aber offensichtlich habe ich mit dieser Antwort einen Funken getroffen, denn am nächsten Tag hatte ich den Job. Ich will damit nicht sagen, dass diese Antwort alleine ausschlaggebend für die Entscheidung war, aber ich bin mir sicher, dass sie dazu beigetragen hat. Und diese Überzeugung hat mich mehr als 20 Jahre später auch noch nicht verlassen.

Ja, für mich bedeutet Erfolg nicht was du tust, sondern WIE du es tust. Denn im Endeffekt zählt nicht das erreichte Ziel bzw. die erreichten Ergebnisse, sondern jeder einzelne Schritt zu diesem Ziel, nämlich jener Schritt, den du in diesem Moment jetzt gerade tust. Wenn du diesen Schritt aus vollem Herzen machst, dann bedeutet das für mich erfolgreich sein. Dann bist du im Reinen mit dem WIE du was tust, bist frei von inneren Konflikten. Wenn das nicht so ist, solltest du für dich selbst einmal anhalten und dich fragen:

- Was tue ich hier eigentlich?
- Warum tue ich es überhaupt?
- Welche Gefühle empfinde ich dabei?
- Was hat mich zu diesem Punkt gebracht?
- Waren es meine Überzeugungen oder die von anderen?
- Wenn es meine Überzeugungen waren, stimmen diese für mich heute noch?
- Wie müsste ich es machen, damit es sich gut anfühlt?

Definiere für DICH, was es bedeutet innerlich Erfolg zu haben. Spüre das Gefühl, die Schwingung, die du bei dieser Definition hast. Meditiere damit, wenn das für dich ein Weg ist in die Stille zukommen. Dann schöpfe aus diesem Gefühl heraus die Kraft für den nächsten Schritt in deinem Leben – und ich meine wirklich den nächsten, jetzt und nicht etwa morgen oder nächsten Monat, - JETZT.

Ein erfolgreiches Innenleben mit bewussten Schritten (Handlungen) wünsche ich Dir.

Entscheidungen treffen, aber wie?

Du kennst das bestimmt auch, du stehst vor einer wichtigen Entscheidung und weißt nicht welche du treffen sollst. Nehmen wir an, es stehen 2 Auswahlmöglichkeiten für die Entscheidung an und du bist zwischen diesen beiden Möglichkeiten hin und her gerissen. Für beide Varianten gibt es Für und Wider. Und dann bleibt dann natürlich die Angst sich falsch zu entscheiden. So, nun stehst du vor dem Dilemma. Der Verstand bietet dir keine eindeutige Lösung an. Was sollst du also tun?

Meine Empfehlung: Geh vom Denken ins Fühlen. Unabhängig davon was der Verstand an Für und Wider bringt. Versuche dich gefühlsmäßig in beide Situationen, die zur Auswahl anstehen, einzulassen. Suche dir einen ruhigen Ort und gehe in dich. Egal wie viele Freunde, Bekannte, Experten du vorher schon befragt hast, die Antwort liegt nicht im Außen sondern in dir drinnen. Du brauchst sie nur mehr zu finden, heißt in diesem Fall zu erspüren. Wie machst du das? Wie schon gesagt suche dir einen ruhigen Ort, an dem du ungestört bist. Schließe die Augen und stelle dir die erste Situation in allen Einzelheiten vor. Lass dir dabei alle Zeit die du dafür brauchst. Und nun achte ganz bewusst auf deine Gefühle. Macht sich ein Gefühl der Weite oder ein Gefühl der Enge und Verspannung in dir breit? Achte aber darauf, ob es wirklich Gefühle sind und nicht etwa die Gedanken deines Verstandes! Denn oft haben wir Angst vor Veränderungen und unsere Gedanken verkleiden sich dann als Gefühle und gaukeln uns vor, dass eine veränderte Situation sich „schlecht anfühlt". Wenn es dir schwer fällt Gefühle und Gedanken auseinander zu halten, kannst du versuchen die Lösung in einer Meditation zu finden. Wenn du das machst, empfehle ich dir, dir während der Meditation die Augen zu verbinden, das hilft dir nach innen zu schauen.

Die Mediation sollte dich dabei unterstützen die Gedanken abzuschalten und in einen wertfreien Zustand zu kommen. Und vor allem versuche mit einer totalen Offenheit in die Mediation zu gehen, ohne jede Erwartung. Erwarte nicht einmal eine Lösung, sei einfach offen für das was passiert oder was kommt.

Wenn du deine Gefühlswelt zur ersten Situation erforscht hast, lass ein wenig Abstand zu Erforschung der nächsten Situation (zur nächsten Entscheidungsmöglichkeit). Meine Empfehlung wäre hier ein Tag. Dann versuche die zweite Situation ebenfalls auf die gleiche Weise zu erforschen. Und voilà, du, und damit meine ich deine wahre Wesensnatur und nicht deinen Verstand, hast dir die Antwort selbst gegeben und nun kannst du mit ruhigen Gewissen, ohne Angst und ohne Zweifel deine Entscheidung treffen.

Wenn du diese Vorgangsweise zur Entscheidungsfindung das erste Mal praktizierst, wird mit Sicherheit noch eine gewisse Unsicherheit mitschwingen, doch das liegt einzig und allein daran, dass wir verlernt haben unseren Gefühlen zu vertrauen. Aber ich möchte dich hier auch ermutigen dran zu bleiben und du wirst sehen, dass mit jeder Entscheidung auf diese Art und Weise dein Vertrauen zu Gefühlsentscheidung zurückkehren wird, denn die Entscheidung kommt eben von deinem Selbst, dass alles weiß, da es mit allem verbunden ist und nicht vom Verstand, der nur eine begrenzte Sichtweise hat (egal wie intelligent man ist).

Es ist auch wichtig zu verstehen, dass im allumfassenden Sinne die Entscheidung sowieso schon feststeht. Die Frage lautet eigentlich nur, ob du dich mit deinem Verstand gegen diese Entscheidung wehrst, in den Widerstand gehst? Denn wenn du im Fluss des Lebens lebst und alles zu seiner Zeit auftauchen und auch wieder ziehen lässt, triffst du immer die „richtige" Entscheidung. Da aber die meisten von uns nicht im Fluss leben, sondern gerne an Gewohnheiten festhalten bzw. Unangenehmes wegschieben wollen, leben sie nicht in der Akzeptanz, sondern eben wieder im Widerstand zu LEBEN. Doch das LEBEN hat für dich immer die richtige Entscheidung parat. Wir müssen dem LEBEN mit unserem Gespür, oder soll ich besser sagen unserer Intuition einfach nur zuhören, eben vom Denken ins Fühlen kommen.

Bist du liebevoll oder streng mit dir?

Wir alle leben in Beziehungen zu anderen Menschen. In Beziehung zwischen Mann und Frau, oder in Beziehung zwischen Eltern und Kind, oder in Beziehung Mitarbeiter zu Chef, oder was du dir hier auch immer vorstellen kannst. Doch die wichtigste Beziehung ist doch die zu dir selbst, oder? Wie lebst du in dieser Beziehung zu dir selbst? Bist du da eher liebevoll oder eher streng zu dir? Und woran liegt es, ob du liebevoll oder streng mit dir selbst bist?

Lass und hierzu mal die Hintergründe untersuchen. Ob du liebevoll oder streng mit dir bist, hängt in erster Linie davon ab, wie weit du mit deiner Persönlichkeit und deinen Glaubenssätzen identifiziert bist. Was meine ich damit? Wenn du sehr stark mit deiner Persönlichkeit identifiziert bist, bist du noch sehr stark mit deinem Ego verhaftet und entsprechend getrennt vom Fluss des Lebens. Wie merkst du, ob du stark im Ego hängst oder nicht? Indem du mal beobachtest in wie vielen Situationen du Dinge persönlich nimmst, egal was wer sagt oder tut, du nimmst es sofort persönlich, siehst es als persönlichen Angriff. Wenn dein Ego sehr stark ist und somit deine wahre Wesensnatur, dein wahres Sein überschattet lebst du nicht nur in einer getrennten Welt von allen anderen, sondern auch in einer getrennten Welt von dir selbst. Dann wird dein Wesen eher verbittert sein.

Wenn du dich nicht von außen angegriffen fühlst, sondern ständig dich selber angreifst, weil du meinst du bist nicht gut genug, nicht schön genug, nicht schlau genug, nicht …, dann bist du sehr stark in deinen Glaubenssätzen, deinen Überzeugungen verhaftet. Das liegt daran dass deine Glaubenssätze und Überzeugungen deine Gedankenwelt maßgeblich beeinflussen, d.h. deine Glaubenssätze bestimmen deine Gedanken, egal, ob dir diese

Glaubenssätze bewusst sind oder nicht, ja es sind sogar die unbewussten, die noch viel stärker auf die Gedanken einwirken. In weiterer Folge sind deine Gedanken dafür verantwortlich, was du fühlst und welche Emotionen in die hochkommen und diese Emotionen sind dann verantwortlich dafür, ob du dich selbst liebevoll oder streng behandelst.

Egal welche der beiden Verhaftungen auf dich zutreffen sollte (meist sind es beide), bist du wahrscheinlich sehr streng mit dir. Je weniger du in der Persönlichkeit, dem Ego und in deinen Glaubenssätzen verhaftet bist, desto liebevoller wirst du wahrscheinlich mit dir umgehen.

Warum ist das so? Weil du dann näher an deiner wahren Wesensnatur, deinem wahren Selbst dran bist. Und dein wahres Sein ist ungetrennt von allen andern, frei und wertfrei in der Wahrnehmung. Somit bleibt der persönliche Angriff aus und du kannst in jeder Situation die Liebe entdecken, die dahinter steht. Und je mehr du die Liebe in allen anderen und vor allem in die selbst wahrnehmen kannst, desto liebevoller wird der Umgang mit dir selbst sein. Und wenn du in diesen Flow der liebe erst einmal eingetaucht bist, ist das wie eine Spirale, die dich immer mehr in Zentrum deines Selbst führt. Und in der Mitte des Zentrums angelangt bleibt dann nur mehr reine Liebe, Ichlosigkeit und wertfreie Wahrnehmung von dem was ist.

Wenn du dich also hin und wieder fragst, warum du so streng zu dir bist, hilft es dir vielleicht über diese Wirkungsweisen nachzudenken und zu entdecken wie das bei dir funktioniert. Wenn du das tust, wünsche ich dir viele tiefgreifende Erkenntnisse und eine schöne Reise ins Zentrum deines Selbst.

Was liebst du an dir?

„Was liebst du an dir?" Viele von uns haben Probleme hier schnell eine Antwort zu finden. Meist tun wir uns leichter zu benennen, was wir an anderen lieben. Dasselbe gilt auch für die Frage: „Was sind deine Stärken?" Auch hier würden viele von uns sich leichter tun die Schwächen zu nennen. Warum ist das so? Sind wir wirklich nicht so liebenswert und stark? Natürlich sind wir liebenswert und stark, aber wir können das für uns selbst oft schwer erkennen, warum nur?

Der Hauptgrund dafür liegt daran, dass wir mit unserem Fokus zum Großteil in der Außenwelt verhaftet sind, dass wir ständig im Vergleich mit anderen leben. Und vergleichen bedeutet hier meist zu schauen, was die anderen besser machen, worin diese stärker sind als wir selbst. Diese Lebenseinstellung bringt dann zwangsläufig das Ergebnis mit sich, dass wir mit uns selbst ständig unzufrieden sind und nicht so sehr liebenswert finden. Doch ich meine, dass ist eine falsche Wahrnehmung. Und zu dieser Wahrnehmung werden wir hin getriggert, durch die Massenmedien, durch den Leistungsdruck in unserer Gesellschaft. Und meist ist uns das nicht einmal bewusst, laufen einfach in diesem Hamsterrad der Karotte hinterher, die es nie zu erreichen gilt.

Doch ich möchte dich hier und jetzt darauf hinweisen, dass jeder Mensch, jedes Individuum Liebe in sich trägt, ja nicht nur das, sondern dass unsere eigentliche Essens die Liebe ist. Und wenn du das nicht erkennen kannst, dann nur deshalb, weil du die Konzepte deines Verstandes vor diese Wahrheit stellt. Du hast eine Vor-Stellung wie es sein sollte und lässt somit die Essenz der Liebe nicht mehr zu. Und sobald du dich von deiner eigenen Liebe verabschiedet hast, kann diese auch in deinem Umfeld nicht mehr hervor treten, da das Umfeld IMMER nur ein Spiegel deines Seins ist!

Wenn du das so oder in ähnlicher Weise in deinem Leben erlebst, dann kannst du das aber jederzeit, sprich JETZT, ändern. Richte deinen Blick, deinen Fokus von Außen nach Innen. Bedanke dich für das was schon da ist und übe nicht Kritik an dir selbst für das was entsprechend irgendwelchen Konzepten angeblich noch fehlt. Wenn es dir schwer fällt diesen Switch zu machen, dann kann ich dir empfehlen mit geführten Meditation zu beginnen; das Internet ist ja glücklicherweise voll davon (Einfach auf Youtube schauen). Wenn du nun mit deinem Fokus zum Großteil nicht mehr in der Außenwelt, sondern in deiner Innenwelt, deiner wahren Wesensnatur leben kannst, wirst du erkennen wie leicht es ist, deine liebevollen Seiten zu erkennen, zu erkennen wo deine Stärken liegen, womit du dein Umfeld (wenn nicht die ganze Welt) bereichern kannst. Und der positive Nebeneffekt dabei ist, nicht nur du selbst wirst deine liebevollen Seiten erkennen, sondern auch dein Umfeld (wie kann es schon anders sein, du bist ja nicht allein, sondern es gibt nur das all-ein).

Und noch was: Keine Liebe kann so tiefgreifend und erfüllend sein, wie die Liebe zu dir selbst. Dann lebst du im absoluten JA zu dir selbst, zu deiner wahren Wesensnatur, ohne Vorstellungen und Verschleierungen. Und keine „Ablenkungen" in der Außenwelt können dich je wieder aus dieser Essenz der Liebe herauswerfen, wenn du dies nicht bewusst zulässt.

Jetzt höre ich den einen oder anderen sagen (oder zumindest darüber nachdenken): „Aber ein Baby lebt ja auch in der Essenz der Liebe und wird dann im Laufe des Lebens herausgeworfen in den Fokus an die Außenwelt, warum soll mir das nicht wieder passieren?" Weil du den Pfad der Erkenntnis und Erfahrung beschritten hast. Du kennst nun beide Pole, Außen und Innen, mit und ohne Liebe. Du weißt nun wie es ist mit persönlichen Verurteilungen und ohne zu leben. Und einmal aus dem Fokus an die

Außenwelt in die Liebe heimgekehrt, heißt inneren Frieden erfahren.

Bist du achtsam?

In unserer schnelllebigen und leistungsorientierten Zeit wird der Alltag oft von Hektik, Stress und Leistungsdruck bestimmt. So mancher nimmt deshalb die Umwelt und insbesondere sich selbst kaum mehr bewusst wahr, schenkt sich selbst wenig BE-ACHTUNG. Ein weiterer Grund dafür, dass die Achtsamkeit im täglichen Leben oft untergeht, sind die zahlreichen routinierten Handlungen. Routinen können zwar unseren Alltag enorm erleichtern, weil wir vieles automatisch erledigen, ohne groß darüber nachdenken zu müssen. Aber sie können auch unsere Aufmerksamkeit lähmen.

Was versteht man überhaupt unter Achtsamkeit?

Achtsamkeit ist eine innere Haltung, die das bewusste Wahrnehmen, das Achtgeben auf das Hier und Jetzt ermöglicht. Um es bildlich auszudrücken:

Stell dir einen inneren Schalter vor. Durch das Betätigen schaltest du dich vom Automatikmodus in den Achtsamkeitsmodus. In diesem Modus nimmst du eine innere Haltung ein, in der du das Hier und Jetzt bewusst wahrnimmst. Du schaltest also von unbewusster in bewusste Wahrnehmung um, du wirst achtsam! Dieses Achtgeben kann sich auf deine momentanen Gedanken, Gefühle, Bewegungen, Handlungen und Sinneseindrücke beziehen: JETZT mache, denke, fühle, rieche, schmecke, höre … ich!

Als Beispiel eine banale Alltagssituation: Das Zähneputzen – eine Tätigkeit, die mehr oder weniger „automatisch" abläuft. Im Achtsamkeitsmodus hingegen lässt du dem Zähneputzen ganz bewusst deine Beachtung zukommen. Du richtest dabei deine Sinne, die das Tor zu Ihrer Wahrnehmung bilden, gewollt auf diese Tätigkeit: Du …

- … nimmst den Geruch der Zahnpasta bewusst wahr,

- ... schmeckst bewusst den frischen Geschmack im Mund,
- ... spürst bewusst den Druck, den die Zahnbürste ausübt,
- ... achtest bewusst auf das Geräusch, welches durch das Reiben der Borsten an den Zähnen verursacht wird,
- ... betrachtest bewusst die Form und Farbe der Zahnbürste,
- ... achtest bewusst auf den Bewegungsablauf beim Zähneputzen.

Wenn du den Achtsamkeitsmodus wieder ausschaltest, also der Tätigkeit Zähneputzen keine Beachtung mehr schenkst, werden die Gedanken abschweifen, dein Fokus wird sich auf etwas anderes richten.

Aber: Zur Achtsamkeit gehört mehr als die bewusste Wahrnehmung! Auch die Konzentration ist nichts anderes als ein fokussiertes Wahrnehmen. Doch zur Achtsamkeit gehört mehr:

Achtsamkeit ist das bewusste Wahrnehmen, ohne Wertung und ohne Zweck! Das heißt, eine innere Haltung einnehmen, in der Du bewusst das Hier und Jetzt wahrnimmst,

- ohne es zu werten – also ohne das Wahrgenommene (z. B. Gedanken, Ärger, Nervosität, Verspannung) in gut/schlecht, positiv/negativ zu unterteilen, sondern es so zu akzeptieren und es sich zu erlauben,
- ohne es zu hinterfragen ("Warum fühle ich das jetzt, warum tauchen diese Gedanken jetzt auf?"), sondern es so akzeptieren,
- ohne es ändern zu wollen, sondern es so akzeptieren.

Es geht also bei der Achtsamkeit primär um das aufmerksame und wertfreie Beobachten des Augenblicks, der gegenwärtigen Außenwelt (z. B. das aktuell sichtbare, hörbare, riechbare, fühlbare Umfeld) oder der eigenen Innenwelt (Gedanken, Gefühle, Stimmung). Dieses wertfreie Beobachten hört sich jetzt vielleicht einfach an, ist es allerdings nicht! Aber durch regelmäßiges Üben wird es dir aber immer leichter fallen, vom Automatikmodus in den Achtsamkeitsmodus zu switchen. Insbesondere anfangs werden dabei wertende Gedanken auftauchen. DAS IST ABER OKAY UND VÖLLIG NORMAL! Akzeptiere diese Gedanken und lasse sie zu.

Eine mögliche Achtsamkeitsübung (diese soll nur als ein Beispiel dienen; suche dir für dich passende Übungen, das Internet bietet hier ein breite Palette an): „Farben fangen"

Dass Farben eine Wirkung auf unsere Psyche haben, ist hinlänglich bekannt. Dieser Tatsache liegt auch die Farbtherapie zugrunde. Darunter versteht man Behandlungsformen, welche sich die Wirkung der Farben auf die menschliche Psyche zunutze machen.

Bei dieser Übung wird die Aufmerksamkeit auf eine bestimmte Farbe gelenkt.

Anleitung:
- Entscheide dich für einen Farbton – beispielsweise Rot.
- Lenke nun für einen festgelegten Zeitraum – z. B. eine Viertelstunde – deine Aufmerksamkeit auf alle Rottöne in Ihrer Umgebung.

Du wirst staunen, wie viele und welche Dinge du dadurch wahrnimmst, denen du sonst keine Beachtung geschenkt hast.

Eine weitere Variante: Anstatt auf unterschiedliche Farben kannst du jeweils auf geometrische Figuren/Körper (z. B. Kreis, Viereck, Kegel, Kugel, Quader) achten.

Durch regelmäßiges Üben wird es dir schneller gelingen, die innere Haltung einzunehmen, welche Achtsamkeit ermöglicht. Wann und wo?
- Du kannst es dir zur Gewohnheit machen, mindestens einen Tag in der Woche besonders achtsam zu sein – sozusagen einen Achtsamkeitstag einführen,

- oder du etablierst ein tägliches Achtsamkeitsritual, z. B. jeden Tag zur selben Zeit schaltest du für eine bestimmte Zeit in den Achtsamkeitsmodus,
- oder nach Belieben zwischendurch, z. B. für einen Zeitraum von zehn Minuten oder für eine bestimmte Tätigkeit,
- oder du nutzt Wartezeiten (z. B. an der Ampel, in der Warteschlange am Schalter oder an der Supermarktkasse, im Wartezimmer, in einer langweiligen Sitzung), um dich in Achtsamkeit zu üben.

Achtsam sein soll aber niemals unter Druck geschehen! Wenn es dir gefällt und es dir etwas bringt – gut so! Wenn nicht, erzwinge nichts, sondern lasse es (für den Moment) lieber bleiben.

Zum Abschluss möchte ich dir einen Leitsatz zur Achtsamkeit mit auf deine Achtsamkeitsübungen geben. Diesen Leitsatz gilt es bei allen Übungen zu berücksichtigen:

„Bewusst wahrnehmen, wertfrei beobachten, keine Beurteilung des Wahrgenommenen, keine unmittelbare Absicht!"

Also dann viel Spass und achtsame Momente

Energiekampf in der Kommunikation

Hinter der zwischenmenschlichen Gewalt steht das Bestreben, den anderen Menschen zu kontrollieren und zu beherrschen. Doch was geht in einem Menschen vor, der den Wunsch verspürt einen anderen zu kontrollieren. Wenn zwei Menschen in einem Gespräch aufeinandertreffen (was nur eine alltägliche Situation darstellt), dann gibt es zwei mögliche Resultate: Einer der beiden Gesprächspartner fühlt sich nach dem Gespräch stärker und einer schwächer.

Und weil wir Menschen das unbewusst wissen, neigen wir dazu, eine manipulative Grundhaltung einzunehmen. Egal worum es geht, wir sind immer darauf vorbereitet, alle notwendigen Register zu ziehen um als "Sieger" aus der Situation hervorzugehen, um nicht die Kontrolle zu verlieren. Gelingt es uns unseren Standpunkt durchzusetzen, fühlen wir uns bestärkt, gelingt es uns nicht, meinen wir an Kraft zu verlieren. Das heißt, wir versuchen uns nicht nur gegenseitig zu kontrollieren um ein bestimmtes Ziel zu erreichen, sondern auch um dadurch einen gewissen Energieschub zu erhalten.

Der Kampf um Energie:

Je stärker wir uns dieser zwischenmenschlichen Dynamik bewusst werden, desto deutlicher erkennen wir, dass auf diese Weise gewonnene Energie gewöhnlich nicht lange anhält. Der Grund dafür liegt darin, dass die wahre Energie aus einer universellen Quelle stammt und nicht durch das „Anzapfen" meiner Mitmenschen. Das Bedürfnis "Kontrolle ausüben zu müssen" um Energie zu erhalten entstammt unserer frühesten Kindheit. Als Kinder sind wir, nur um zu überleben, auf die Fürsorge Erwachsener angewiesen und es entwickelt jedes Kind seine eigenen

Methoden, um Energie aus dem System Familie an sich zu ziehen. In frühester Kindheit stehen uns jedoch nur wenige Maßnahmen zur Verfügung, um jene unerfreulichen Folgen zu bekämpfen, die sich gewöhnlich einstellen, wenn wir ignoriert, lächerlich gemacht oder kritisiert werden. Mit zunehmenden Wachstum beginnen die negativen Begegnungen unsere Erwartungshaltung gegenüber der Außenwelt zu beeinflussen. Wir empfinden ein Defizit und ein natürliches Verlangen, dieses Defizit durch Energie von anderen Menschen auszugleichen.

Ego-Zustände:

In der Transaktionsanalyse kennen wir mehrere Ego-Zustände. Je nachdem wie uns unser bisheriges Leben prägte, befinden wir uns in verschiedenen Verhaltensformen:

- Eltern-Ego
- Kinder-Ego
- Erwachsenen-Ego

Es gibt hier noch für jeden der genannten Ego-Zustände noch Untergruppen, aber ich bleibe auf dieser obersten Ebene. Wie du dir wahrscheinlich vorstellen kannst agiert ein Eltern-Ego eher vorurteilsvoll, selbstgerecht oder übermäßig beschützend, ein Kinder-Ego eher schuldbewusst und schwach. Und wie du dir wahrscheinlich weiter vorstellen kannst ist die beste Kommunikation aus dem Erwachsenen-Ego heraus. In diesem Ego-Zustand halten wir uns im Hier und Jetzt auf. Wir sind uns unserer Gefühle bewusst und wissen, dass wir im Leben mehrere Möglichkeiten haben. Wir sind in der Lage in Betracht zu ziehen, was andere zu unseren Vorhaben zu sagen haben, vertrauen jedoch auf unser eigenes Urteilsvermögen wenn es um die endgültige Entscheidung geht.

Wir können abweichende Meinungen zur Kenntnis nehmen, ohne uns bedroht zu fühlen, wobei wir das Gefühl haben, als würden wir entweder gewinnen oder verlieren. Wir wissen je offener wir für den Ausgang von Ereignissen sind, desto mehr wird uns enthüllt werden.

Die Energiequelle des Erwachsenen-Egos:

Machtkämpfe scheinen immer nur dann aufzutauchen, wenn wir der Ansicht sind durch Manipulation anderer Energie zu verlieren und uns dagegen zur Wehr setzen müssen, um die Kontrolle über die Situation zu behalten. Um dieses Kontrollbedürfnis abzulegen, ist es am sinnvollsten sich auf die eigenen Gefühle zu konzentrieren, sobald wir merken, dass wir an Energie verlieren. Es ist nicht notwendig die andere Person zu analysieren oder zu verändern. Wir brauchen uns nur folgende Fragen stellen:

- Was fühle ich jetzt, in diesem Augenblick?
- Was benötige ich jetzt, in diesem Augenblick?

Haben wir unser eigenes Selbst erst einmal kontaktiert, so haben wir auch Kontakt zu unserem Erwachsenen-Ego aufgenommen. Auf diese Weise verlagern wir unsere Aufmerksamkeit darauf, sich mit der universellen Energiequelle zu verbinden.

- Achte daher auf den Austausch von Energie
- In wessen Gegenwart blockierst du deine Energie?
- In welcher Gegenwart hältst du dich in der Position des Erwachsenen-Egos auf

Ein Bewusstsein darüber zu gewinnen, wie wir mit anderen im Wettstreit um Energie stehen, ist der erste Schritt zur Rückgewinnung unserer Kraft und somit der universellen Energiequelle. Dieses neue Bewusstsein lässt uns erkennen, dass Menschen häufig dazu neigen, sich von ihrer inneren Verbindung mit der mystischen Energie abzuschneiden. Als Resultat daraus fühlen sie sich geschwächt und verunsichert und versuchen Energie von anderen Menschen abzuzweigen. Gelingt es, fühlen wir uns dabei gut, gelingt es uns nicht fühlen wir uns dabei schwach. Jetzt wirst du dir vielleicht denken: „Was nützt es wenn ich im Erwachsenen-Ego bin mein Gegenüber aber nicht?". Und Antwort ist offensichtlich. Du kannst andere nicht ändern, du kannst nur bei dir bleiben und das Erwachsenen-Ego vorleben. Es wird den anderen „anstecken".

In diesem Sinne wünsche ich dir energetisch ausgeglichene, erwachsene Gespräche

5S für Deine Innenwelt

Vielleicht kennst du die 5S-Methode, die in vielen Unternehmen Anwendung findet. Es geht bei dieser Methode um eine recht schnell verständliche und einfache Art der Arbeitsorganisation, bei der ein Ablauf in 5 Schritte unterteilt wird. Nicht wertschöpfende Tätigkeiten, die zu Verschwendung führen, werden dabei minimiert und die Effizienz steigt. Das oberste Ziel sind Ordnung und Sauberkeit, woraus unmittelbar die nächste Ebene – Sicherheit – entsteht. Diese Methode lässt sich auch auf Deine Innenwelt umlegen...

Aber zunächst eine kurze Erläuterung der 5 Schritte:

- Sortiere aus: Alle unnötigen Dinge aussortieren. Schränke, Tische und Regale vollständig ausräumen.
- Systematische Ordnung: Stellflächen, Schränke, Rollcontainer, Schreibtische. Was wird benötigt? An welchem Ort? Wofür? Bestimmung eines Platzes und einer Adresse für jeden Gegenstand.
- Sauber halten: Definition von Reinigungsstandards. Die Mitarbeiter reinigen ihren Arbeitsplatz und Ihre Arbeitsutensilien selbst. Dabei werden Mängel erkannt, markiert und stetig abgearbeitet. Reinigen ist prüfen!
- Standardisieren: Neuen Zustand sicherstellen. Die Mitarbeiter definieren 5S-Standards für ihren eigenen Arbeitsbereich, wie z.B. definierte Stellplätze, Kennzeichnungen, Beschriftungen, Markierungen und Ampelsysteme. Standards sparen Suchzeiten!

- Selbstdisziplin und ständige Verbesserung: Selbstdisziplin und ständige Verbesserung der Standards. Überprüfungen des aktuellen Standards mittels Checklisten sind dabei hilfreich.

Genauso lässt sich diese methodische Vorgangsweise auch für Dein eigenes Innenleben anwenden. Hierzu ein paar Gedankenanreger:

Sortiere aus:

Hier geht es um das Aussortieren von unnötigen Gedanken, also Gedanken, die Dich eigentlich nur belasten und nichts bringen. Hier könntest du dir einfach eine Liste mit 2 Spalten machen. In die linke Spalte notierst du dir alle belastenden Gedanken, auf deren Situationen du ohnehin keinen Einfluss hast bzw. nie hattest (z.B.: Die Regierung müsste andere Entscheidungen treffen; Mein Nachbar müsste sich anders verhalten; Damals hätte mein Chef nicht so reagieren dürfen; Mein Partner sollte mehr Zeit mit mir verbringen; u.s.w.). In die rechte Spalte notierst du dir alle Gedanken, die dich erfreuen und dich motivieren (z.B.: Ich würde gerne malen; Ich liebe es meiner Katze zuzusehen; Es tut mir gut in der Stille zu sein; Ich liebe es im Garten zu arbeiten, u.s.w.). Somit hast du einen guten Überblick, worauf du dich fokussieren solltest. Hänge dir diese Liste wohin, wo du sie oft sehen kannst. Je öfter du auf diese Liste blickst (und du kannst diese Liste natürlich jederzeit ergänzen), desto mehr wird sich dein Fokus von den unnötigen Gedanken abwenden hin zu den erfreulichen.

Systematische Ordnung:

Für Deine Innenwelt ist damit gemeint, deine Gedanken nicht unordentlich umherschweifen zu lassen, ständig in Vergangenheit und Zukunft abzuschweifen. Es geht also darum Ordnung in dein gedankliches Zeitgefüge zu bringen. Und da der einzige reale

Augenblick im Hier und Jetzt stattfindet, sollten wir auch mit unserer Aufmerksamkeit im Hier und Jetzt bleiben. Hierbei können dich Achtsamkeitsübungen wunderbar unterstützen. Und je mehr du im Hier und Jetzt leben kannst, desto mehr werden auch deine belastenden Gedanken (deine linke Spalte) verschwinden. Solche Achtsamkeitsübungen findest du unter anderem im Internet zu Genüge an, achte jedoch darauf, dass es nicht nur um die Achtsamkeit im Außen, sondern auch um die Achtsamkeit im Innen geht.

Sauber halten:

Hier geht es um die energetische Reinigung, sowie um die energetische Harmonisierung mit den Schwingungen, die uns umgeben. Da sich diese Schwingungen im Kosmos und somit auch auf und in unserer Erde ständig erhöhen ist es hilfreich sich diesen Schwingungen anzupassen und unsere Energiefelder (Chakren) von niedrigeren Schwingungen zu reinigen. Hierzu können gezielte Meditationen helfen. Ich biete dazu jede Woche eine Online-Webinar an, in dem solche Reinigungen vorgenommen werden, aber du kannst natürlich auch jede andere dir bietende Möglichkeit dazu nutzen.

Standardisieren:

Für diesen Schritt bietet es sich an bestimmte „Zeitinseln" zu schaffen, in denen du dich ganz bewusst deinem Innenleben hingibst. Im Idealfall bist du während dieser Zeitinseln alleine. Und wenn es nur 10 Minuten am Tag oder 30 Minuten jede Woche sind und das dafür regelmäßig, dann ist es schon mehr als die meisten dafür aufwenden, dabei ist uns das Innen so viel näher als das Außen und dennoch wird es so wenig beachtet. In diesen Zeitinseln kannst du dich dann ganz bewusst mit den ersten 3 Schritten befassen und dir damit Gutes tun.

Selbstdisziplin:

Damit du mit deinen angewandten Methoden (Gedankenklärungen, Meditationen, Achtsamkeitsübungen, u.s.w.) mit der Zeit nicht auf der Stelle trittst, geht es hier darum in bestimmten Intervallen was Neues auszuprobieren. So solltest du von Zeit zu Zeit deine „Gedankenliste" neu erstellen, andere Achtsamkeitsübungen ausprobieren, eventuell andere „Zeitinseln" festlegen, u.s.w.

Wenn Dich diese Gedankenanreger inspiriert haben, um Dich mehr um dein Innenleben zu kümmern, dann wünsche ich Dir viel Spass beim Ausprobieren und beim näheren Kennenlernen Deines Selbst.

Lebst du schon im Augenblick, oder kämpfst du noch?

Wenn du im inneren Frieden leben möchtest widerspricht alleine schon das Wort „Kampf" dieser Vorstellung. Und dennoch ist es das was noch viele von uns leben, ohne dass ihnen das bewusst ist. Sie kämpfen gegen das was ist und wundern sich, dass sie keinen inneren Frieden finden. Doch wie ist das bei Dir? Lebst du schon im Augenblick oder kämpfst du noch?

Jetzt kommt vielleicht die Vorstellung hoch. „Na wenn ich für nichts mehr kämpfe, dann ist mir ja alles Wurst, das befriedigt mich ja auch nicht". Richtig! Deshalb müssen wir uns zunächst mal ansehen, was bedeutet es eigentlich zu kämpfen. Zwischen kämpfen und „kämpfen" gibt es nämlich einen gravierenden Unterschied.

Das was wir vermeintlich oft als kämpfen bezeichnen ist das Konzentrieren deiner Energie auf das zu erreichende Ziel. Hier kannst du das Wort „kämpfen" sinnvollerweise durch das Wort „anstrengen" ersetzen. Jetzt wirst du vielleicht sagen, das ist doch nichts weiter als „Wortklauberei" – Vielleicht?, doch es geht darum mit welchen Botschaften du dein Unterbewusstsein nährst. Nährst du es mit Kampf, denn Kampf bedeutet immer ein sich wehren, eine Abwehr- bzw. eine Angriffshaltung und erzeugt somit einen negativen Energiefluss und jeder Kampf produziert Verlierer (nur selten Sieger). Da es ist schon sinnvoller dein Unterbewusstsein mit „Anstrengung" zu nähren, denn Anstrengung bedeutet in den Widerständen, die das Leben bietet keine Gefahren, sondern Chancen zu sehen. Chancen für neue Wege, die das Leben dir zeigt zur Zielerreichung. Damit kommst du automatisch in einen positiven Energiefluss, weil du mit dem Fluss des Lebens lebst.

Kannst du den Unterschied fühlen. Denke dich in beide Situationen hinein und versuche dein Energiefeld dabei wahrzunehmen. – Pause – siehst du?

Und wenn du nun vom Kämpfer zum „Anstrenger" geworden bist, geht es jetzt nur mehr darum im Augenblick präsent zu sein. Denn nur wenn du im Augenblick präsent bist, kannst du die Chancen des Lebens auch wahrnehmen. Und im Augenblick präsent sein, heißt ständig bei DIR zu sein, ständig im Vollbesitz deiner Sinneswahrnehmungen und deiner Gefühlswahrnehmungen zu sein. Das klingt zwar recht simple, ist aber durch unser gesellschaftliches Leben mit all seinen Ablenkungen (Handy, Tablet, Zeitung, Radio, Fernseher, WhatsApp, Facebook, u.s.w.) nicht so leicht umzusetzen. Doch auch hier gilt: Jeder Weg beginnt mit dem ersten Schritt. Und je öfter du das Leben im Augenblick bewusst praktizierst, desto eher wird es zum Automatismus und dann fällt dir mit der Zeit nicht mehr auf wann du präsent bist, sondern genau umgekehrt, nämlich wann du nicht präsent bist.

Und mit der Präsenz des Augenblicks und dem Fallenlassen des Kämpfers in dir ist der Schritt zum inneren Frieden nur mehr ein sehr kleiner.

In dem Sinne wünsche ich dir eine bewusste, kampflose Präsenz.

War der Tag nicht dein Freund, so war er dein Lehrer

Wir alle kennen doch solche Tage. Tage an denen nicht alles so gelaufen ist, wie wir uns vorgestellt haben, wir vielleicht sogar Misserfolge verzeichnen mussten. Dann wünschen wir uns oft am Ende eines solchen Tages, dass dieser Tag am besten gleich vergessen ist und der nächste hoffentlich besser wird. Und wir versuchen vielleicht sogar diesen Tag aus unseren Gedanken zu streichen.

Doch die Erfahrung zeigt uns, dass diese Tage nicht einfach aus unserem Bewusstsein verschwinden. Und die Frage bleibt: „Was mach ich aus den Erkenntnissen dieses miesen Tages?". Tatsache ist: Wenn der Tag nicht dein Freund gewesen ist, dann war er zumindest ein Lehrer! Doch was wollte mich der miese Tag lehren. Hier ist es zunächst mal wichtig, die Sache ganz neutral zu betrachten. Was genau ist passiert. Waren die schrecklichen Dinge tatsächlich so schrecklich, oder waren sie nur in meinem Kopf so schrecklich? Wie hat sich die schreckliche Situation angefühlt? Was verbinde ich mit diesem Gefühl, oder vielleicht sind es ja mehrere Gefühle? Erinnert mit dieses Gefühl an schon mal gemachte Erfahrungen? – Wahrscheinlich. Habe ich mich diesem Gefühl schon gestellt, das heißt habe ich dem Gefühl Raum gegeben, um sich auszuleben? – Wahrscheinlich nicht, denn sonst wäre das erneut aufgetauchte Gefühl nicht so schrecklich für mich.

Wenn das auch bei dir hin und wieder so zutrifft, was kannst du tun?

Mein Tipp wäre, dass du genau diese schreckliche Situation des miesen Tages nutzt, um in das auftauchende Gefühl einzutauchen. Denn schrecklich wird es erst, wenn du versuchst das Gefühl wegzuschieben oder zu unterdrücken, denn dann lodert es im Untergrund ständig weiter bis zum nächsten Ausbruch, weil es an der Oberfläche nicht „verbrennen" kann. Wie kannst du nun Eintauchen in das Gefühl. Da du das Gefühl nun schon mal beiseitegeschoben hast, musst du im Nachhinein das Gefühl zunächst einladen wieder hochzukommen. Dazu kannst du dich wieder in die genannte schreckliche Situation hineindenken und hineinfühlen. Stell dir vor es passiert jetzt gerade. Und wenn du gerade in diesem Gefühl drinnen bist, dann geh diesmal weiter als je zuvor. Versuche es sogar noch zu verstärken und wenn du der Meinung bist jetzt ist das Gefühl am Höhepunkt angelangt, dann spiele mit der Situation und dem Gefühl. Frage dich, was Schlimmes passieren kann, wenn der Zustand und das Gefühl anhält. Und dann geht weiter. Stell dir vor, dieses Schlimme ist eingetreten, wie würdest du dich dann fühlen und was wäre dann das Schlimmste was geschehen kann. Und dann geh wieder weiter und noch weiter. Frage dich immer wieder: Was ist das Schlimmste was nun geschehen könnte?

Und du wirst merken, dass das Gefühl mit einigen Fragen eigentlich nicht stärker wird und es dich schon gar nicht umbringt (was ja ursprünglich deine unbewusste Angst war, warum du es nicht ausgelebt hast), sondern dass das Gefühl schwächer wird, weil es sich ausleben durfte, bis es schließlich verschwindet oder zumindest bedeutungslos wird.

Und wenn du das nächste Mal in eine ähnliche Situation kommst, die wieder dieses Gefühl auslösen wird, hast du nun andere Voraussetzungen, denn du weißt, dass das Gefühl dich nicht umbringen wird und du hast somit keine Angst mehr davor.

Somit wird es erstens gar nicht mehr so intensiv auftreten und zweitens bist du nun in der Lage das Gefühl auszuleben und dadurch wird auch die Situation gar nicht so schrecklich sein.

Denn Situationen sind was sie sind. Gefühle sind was sie sind. Situation kommen und gehen. Damit verbundene Gefühle kommen und gehen. Je weniger du damit machst (also nicht wegschieben und nicht unterdrücken), desto weniger haften sie an dir an, weil das Gefühl wieder schneller gehen kann, da ja keine Gegenwehr gegen das Gefühl da ist.

Wenn du das ein paar Mal praktiziert hast (versuch es vielleicht zunächst mal mit nicht ganz so schrecklichen Situationen und Gefühlen), wirst du erkennen, dass miese Tage wie ein Lehrer sind, weil sie dir die Chance geben dich von beklemmenden Gefühlen zu befreien.

Gedanken zum ICH

Die Reise in Dein Herz ist immer eine Reise zur Quelle deines Seins.

Anutosho

Gibt es frühere Leben und Wiedergeburt?

Bestimmt hat sich der eine oder andere auch schon mal gefragt: „Wer ich wohl in einem meiner früheren Leben mal gewesen bin? Ein reicher oder armer Mensch, ein Priester oder vielleicht ein Mörder, ein Seefahrer oder ein einflussreicher Politiker?" Schauen wir uns diese Frage mal etwas genauer an.

Im Zuge von Rückführungen erfahren Menschen oft einiges über ihre vergangenen Leben, aber waren das wirklich ihre Leben? Wenn wir davon ausgehen, dass das ICH ein Illusion unseres Verstandes ist und das ICH eigentlich so als getrenntes ICH gar nicht existiert, wer soll dann wiedergeboren worden sein? Aber wer ist das dann, den wir bei einer Rückführung zu erkennen glauben?

Fragen über Fragen tun sich auf, aber der Reihe nach. Das ICH ist eine Illusion, wie soll das denn gehen? Untersuchen wir das mal. Betrachte irgendwas in deiner Nähe und frage dich dann: Wer ist es das da schaut? Ich höre dich schon sagen: „Na ich natürlich!" Versuche tiefgehender über diese Frage nachzudenken und versuche eine Antwort zu finden. Nicht eine Antwort aus deinem Verstand, versuche die Antwort aus deinem Herzen heraus zu finden. Dann wirst du merken, dass du das sogenannte ICH nicht finden kannst. Denn wo soll es sein, dieses ICH. Im Kopf, in der Brust, in der Aura, wo? Du wirst vielleicht sagen, na überall genau dort ist mein ICH. Gut, dann versuche als nächstes herauszufinden, wo dein ICH aufhört, wenn es über deinen Körper über die Aura hinaus geht. Und wo fängt dann das ICH des nächsten an? Du wirst nach genauer Betrachtung sicherlich bemerken, dass sich da keine Getrenntheit einstellt von Mein ICH aufhört und DEIN ICH anfängt.

Und wenn wir nun das ICH nicht mehr als getrennt wahrnehmen können, woher wollen wir dann wissen wer das ICH in der Rückführung ist? Ist es vielleicht nicht vielmehr so, dass alles in einer Unendlichkeit des Raumes miteinander verbunden ist und wenn wir mal annehmen, dass auch Zeit eine Illusion ist (denn das einzig Reale ist ja eigentlich nur dieser Moment, das JETZT), dann sind wir auch in der Ewigkeit der Zeit miteinander verbunden. In der Mystik spricht man dann vom allumfassenden Informationsfeld, der Akasha-Chronik oder Informationsmatrix, oder wie die Quantenphysiker es nennen, das Quantenfeld, indem alles was war, was ist und alles was sein wird gespeichert ist. Und dieses ALLES beinhaltet natürlich auch JEDES ICH, das jemals war, jemals ist und jemals sein wird.

Nach dieser Betrachtung ist es nun schon leichter vorstellbar, dass wir bei einer Rückführung nicht auf unser früheres ICH treffen, sondern auf einen Ausschnitt aus dieser Informationsmatrix auf das wir bei einer Rückführung zugreifen, und dass es im Prinzip jeder sein kann, den ich hier antreffe, denn egal wer da auftaucht, das bin sowieso immer ICH, wenn es keine Getrenntheit gibt. (Übrigens nutzen auch seriöse Wahrsager diese Informationsmatrix, weil ja auch jede Information, die jemals sein wird dort gespeichert ist.)

Und wenn es nun kein getrenntes ICH gibt, wer soll dann wiederum wiedergeboren werden. Wenn überhaupt dann das allumfassende ICH, aber das ist nie gestorben und wird nie wiedergeboren; denn das allumfassende ICH ist immerwährend gegenwärtig, dass sich lediglich in verschiedenen Körpern manifestiert.

Wenn du das erkennen kannst, dann hat sich auch das Thema mit Karma erledigt, der Schuld aus früheren Leben, für das man im jetzigen Leben „bezahlen" muss. Wenn überhaupt dann muss man für die Geschichten, die der Verstand kreiert hat „bezahlen", weil man daran festhält und ein Lebens-Konzept daraus entwickelt.

Aber glaube mir nichts von dem, was ich hier geschrieben habe, überprüfe es für dich selbst und finde für dich selbst die Wahrheit heraus, denn nur dann hat sie Bestand und wird dich frei machen, und dich näher zu deinem inneren Frieden führen. Überprüfe, ob dein ICH wirklich getrennt von anderen ICHs ist und überprüfe auch deine Lebenskonzepte (Geschichten, Glaubenssätze).

Ich kann dir nicht sagen was du dabei finden wirst, ich weiß nur, dass dich jede tiefe innere Erkenntnis näher zur eigentlichen Wahrheit des SEINS und somit zum inneren Frieden bringen wird.

Beobachter deiner Selbst

Wie oft bist du der Beobachter deiner Selbst? Was für eine komische Frage. Wenn es da einen Beobachter gibt und ein Selbst gibt, gibt es dann zwei? Und wenn es zwei gibt, wer von beiden bin dann ich und wer ist der oder die Andere? Hmm, sehr verwirrend, so scheint es zunächst.

Doch eigentlich ist das das Natürlichste überhaupt. Wir leben hier in der Polarität, in der ICH-Illusion, und das was wir gewöhnlich für das ICH empfinden ist in Wirklichkeit ja das getrennte ICH, also die Illusion. Aber wenn das die Illusion ist, was ist dann das Reale? Wenn überhaupt, dann ist der Beobachter das Reale, denn der ist frei von Beurteilungen und Bewertungen, der kennt kein gut oder böse, richtig oder falsch, der Beobachter nimmt einfach nur wahr was ist.

Und wenn es dir nun gelingt in diese Beobachterrolle zu schlüpfen, dann wirst du herausfinden wie dein Ego (dein Verstand) in bestimmten Situationen funktioniert. Dabei bist du wie ein Helikopter über dir selbst, der beobachtet was das ICH jetzt macht, wie das ICH reagiert, wie das ICH fühlt. Ich für mich habe das am besten hingekriegt, indem ich mich immer bewusst frage: „Was macht der Anutosho nun, wie wird er jetzt reagieren, was fühlt er jetzt?" Das heißt ich habe mein ICH bewusst als dritte Person wahrgenommen, der nun eben beobachtet wird. Und glaube mir, das ist wirklich sehr spannend, was man dabei so alles erfahren kann. Ich habe dann wirklich mit Abstand beobachten können wie sich der Anutosho nun aufregt, wie er sich persönlich angegriffen fühlt, wie seine Worte zu zittern begannen, wie sein Bauchraum vibriert u.s.w. Und als nächstes begann dann sofort das Zwiegespräch mit mir: „Was tut der Anutosho denn da, warum fühlt er sich denn persönlich angegriffen, man hat doch nur eine Feststellung gemacht – ah da läuft bestimmt eine Geschichte im Hintergrund ab die der Anutosho in diese Feststellung hinein interpretiert". Und das alles geschieht natürlich in Sekundenschnelle, sodass beim Auftauchen einer Wut, eines Grolls, einer Verärgerung, Verwunderung, oder was auch immer, dieser Beobachtungsprozess im Hintergrund mitläuft und sofort die Erkenntnis des Beobachters da ist und die aufsteigende Wut, den Groll, die Verärgerung u.s.w. sofort relativiert und „geschichtslos" macht zu dem was es ist. Das Wahrnehmen einer Feststellung.

Das war dann immer die unmittelbare Erkenntnis. Darauf folgte dann natürlich die analytische Erkenntnis, da man, oder ich zumindest, über diese Beobachtung im Nachhinein natürlich nachdenkt, und sich mit diesen Erkenntnissen immer besser kennen lernt: „Warum reagiere ich in Situationen, wie ich reagiere".

Diese Vorgangsweise der Selbstbeobachtung mag zu Beginn etwas Konsequenz und Konzentration erfordern, doch je öfter du das machst desto leichter fällt es dir und du wirst mit der Zeit wahrscheinlich, so wie ich Gefallen daran finden durch die Beobachterrolle herauszufinden, wie das ICH da funktioniert. Und vor allem es funktioniert mit der Zeit fast schon wie automatisch, dass der Beobachter übernimmt. Und eigentlich ist das ganz gut so, weil der Beobachter weit näher an unserer eigentlichen Essenz dran ist als das getrennte ICH. Und eigentlich war und ist der Beobachter immer da, nur haben wir ihn ständig unterdrückt durch das vorherrschende ICH. Betrachte mal kleine Kinder. Sagen die nicht oft: „Der Markus geht nun Fahrrad fahren, oder die Michaela baut da einen schönen Sandkuchen, u.s.w." Bei ihnen ist die Selbstbeobachtung noch ganz von selbst im Gange, bis ihr Verstand das eigene ICH aufbaut und verstärkt, dann verdrängt Markus und Michaela den Beobachter und stellt die Geschichten des Verstandes in den Vordergrund. Doch du hast jederzeit die

Möglichkeit mit oben beschriebener Vorgangsweise wieder den Beobachter in dir zu entdecken.

Und das Ganze hat natürlich noch einen weiteren Nebeneffekt. Du merkst dass DU nicht das ICH bist, denn wie könnte es sonst sein, dass DU das ICH beobachten kannst. Wenn das kein guter Beweis ist, dass das ICH eine Illusion ist, dann weiß ich auch keinen besseren mehr. Wobei den Beweis braucht ja nur unser Verstand, denn der hält ja am ICH fest, nein mehr noch, der hat es ja eigentlich erst erschaffen und wird den Teufel tun es wieder kampflos herzugeben.

Ich wünsche dir also viel Spaß und spannende Erkenntnisse bei deinen Selbstbeobachtungen, die dich mit Sicherheit in einen Zustand inneren Friedens bringen werden, da Unpersönliches immer neutral ist.

Wer bin ich? Leben in 2 Welten (Beruf und Berufung)

Hier möchte ich auf ein Thema eingehen, mit dem der oder die eine sicher auch konfrontiert ist. Das Leben in (mindestens) 2 Welten. Ich meine da die Welten Beruf und Berufung. In der einen Welt lebt man um zu „überleben" (=Sicherung der Lebensumstände) und in der anderen Welt lebt man, um zu „leben" (=LEBEN)

Ich kann dir nur berichten wie das bei mir war und ist, aber vielleicht hilft dir das trotzdem zu verstehen warum auch das ist wie es ist. Ich für mich bin in der einen Welt, der Berufswelt, ein Qualitätsmanager, der sich im Berufsalltag mit klar vorgegebenen Strukturen, sogenannten Prozessen, sowie Statistiken, Zahlen, Daten und Fakten rumschlägt. Nur was man sehen, beurteilen, prüfen, analysieren und steuern, sprich kontrollieren kann zählt. Und ob ihr es glaubt oder nicht, darin bin ich echt gut und bis zu einem gewissen Grad mag ich das auch (vielleicht weil ich darin eben gut bin?). In dieser Welt herrscht ganz klar die EGO-Struktur vor, die in Hierarchien gegliedert klar festlegt, wer was zu sagen hat, wer welche Macht hat. Also ein klaren Leben im Verstand.

Und dann komme ich heim, heim in die andere Welt in die Welt außerhalb der EGO-Strukturen, wo ich mich mit „Übersinnlichen" wie Quantenmatrix, Fernwahrnehmung, Schwingungen von Heilzahlen beschäftige oder mir im Internet Satsangs anhöre. Also ein klares Leben im Herz. Zugegeben ich habe das Glück, dass ich zum einen Venu an meiner Seite habe, die sich auch sehr dem spirituellen Weg verschrieben hat und diesen schon sehr viel länger geht als ich und die noch dazu auch hoch sensitiv ist (das auch seine Herausforderungen in der Beziehung mit sich bringt, doch nur an Herausforderungen kann man wachsen – auch ein schöner Glaubenssatz). Sie ist für mich über die Jahre zum „Lebensmeister" geworden, die mir ständig neue Inputs bringt, die meinen spirituellen Horizont erweitert und mir ständig einen Spiegel (das ist natürlich symbolisch gemeint ☺) vorhält und mir vor allem Offenheit und Ehrlichkeit vorlebt – Danke dafür, liebe Venu. Und zum zweiten habe ich auch meine spirituellen „Leerer" gefunden, die mich frei von Konzepten und Vorstellungen werden lassen.

Wenn man sich das so von außen ansieht, diese 2 Welten, die wie Tag und Nacht erscheinen, denkt sich der eine oder andere jetzt vielleicht: „Oh Gott, …". Doch wir leben nun mal in der Polarität, in der Dualität als Person. Und schon der Begriff „Person" leitet sich ja vom lateinischen Persona ab, das so viel wie die „Maske des Schauspielers" bedeutet. Und das trifft es für mich haargenau. Wenn mich einer fragt, was machst du beruflich, müsste ich fairerweise sagen: „Ich bin Schauspieler". Ich spiele die Rollen in meinem Leben. Aber zurück zum eigentlichen Thema.

Ich habe im Laufe der Jahre gelernt, dass sehr gut zu managen (ein Begriff aus meiner Berufswelt). Zugegeben anfangs hatte ich auch so meine Probleme damit und dachte, damit werde ich nie klar kommen, ich kam mir zum Teil richtig schizophren vor und dachte mir das kann ich niemals trennen, bis ich merkte das muss ich gar nicht. Also versuchte ich schön vorsichtig meine spirituellen Erkenntnisse in den Berufsalltag einzubauen. Das begann bei Dingen die zunächst keiner bemerkte, zum Beispiel das Beobachten meiner Selbst, oder das bewusste Wahrnehmen von Energieschwingungen in Räumen oder zwischen 2 oder mehreren Personen bei Besprechungen, bis ich dann den Schritt wagte, Dinge bewusst in meine Arbeitsweisen einzubauen und spirituelle Beispiele erläuterte. Die Reaktionen darauf waren für mich sehr erstaunlich. Wenn ich diese Themen in einer größeren Runde oder sogar in Besprechungspräsentationen einbaute war die

Resonanz der Gruppe eher schweigende Zurückhaltung, doch im Nachhinein kamen die Teilnehmer einzeln auf mich zu, um über die Themen zu sprechen. Da war mir klar, dass in der Gruppe zunächst bei ihnen die Angst vorherrschte sich zu blamieren und sie sich nur im Einzelgespräch wagten über diesen „gesetzten Samen" zu sprechen. Denn über solche Themen sprichst du in Businesskreisen nur mit sehr vertrauten Personen (sprich vertrauten Schauspielern).

Ich habe aber auch gegenteilige Erfahrungen gemacht, wo mir diese spirituelle Offenheit zum Verhängnis wurde (zumindest aus damaliger Sicht, heute weiß ich ja dass nichts im Leben umsonst ist). So hatte ich beispielsweise mal in einem sehr aussichtsreichen Bewerbungsgespräch auch über meine spirituellen Vorlieben gesprochen, was beim Gegenüber sicher Angst und Unsicherheit auslöste und dadurch eine Ablehnung mir gegenüber aufbaute. Das war's dann mit diesem Jobangebot auch gewesen. Aber ich dachte mir damals, sei einfach offen und stehe zu dem was du tust. Zugegeben, diese Erfahrung hat bei mir Zweifel ausgelöst, ob das immer so richtig ist offen zu sein. Damals war ich mir eben nicht so sicher, heute weiß ich dass es auch damals genau richtig war. Ich passte wahrscheinlich nicht in dieses Unternehmen oder wer weiß schon welcher Grund sonst noch dagegen sprach. Wir wissen natürlich WER das weiß, das LEBEN natürlich, das LEBEN weiß immer was richtig ist, sonst wäre es nicht so.

Und ob man will oder nicht (zumindest ich), aus Erfahrung wird man klug und ich wähle zumindest die Zeitpunkte meiner spirituellen Offenbarungen nun bewusster, speziell da ich in den letzten Jahren mehrere Jobwechsel vornahm (gewollte und ungewollte).

Auf jeden Fall möchte ich Dich dazu ermutigen, falls du auch in so 2 Welten lebst wie ich, diese nicht zu trennen, sondern zu verbinden. Ich habe zumindest gemerkt, dass es nur immer die

Konzepte meines Verstandes waren, die mich von der Verbindung abhielten und in die Trennung schickten: „Das kann man hier nicht machen; Das gehört hier nicht her; Das versteht hier sowieso niemand; u.s.w." Doch du wirst dich wundern wie viele auch auf dem spirituellen Weg, oder nenne es Selbstfindungs-Trip sind und die dankbar für deine Offenheit sind, weil sie sich auch im Berufsleben darüber austauschen können und vor allem merken „Ich bin nicht allein, sondern wir sind all-ein". Für mich ist es zumindest klar. Ich spreche bei solchen spirituellen Themen immer mit dem SEIN des Gegenüber und nicht mit seinem Verstand. Also von SEIN zu SEIN. Diese Unterhaltung bewegt sich dann jenseits des Verstandes. Und wenn dein Gegenüber offen für das LEBEN ist wird er oder sie wieder auf dich zukommen, da nun eine Verbindung zwischen euch besteht und keine Trennung mehr. Eure „Beziehung" (und wir haben mit jedem, mit dem wir interagieren eine Beziehung) ist nun von friedvoller Essenz erfüllt.

Schwingung in uns und um uns

Vielleicht hast du auch schon mal davon gehört, dass alle Materie im Prinzip nur aus Schwingung besteht. Nehmen wir da als Beispiel mal unseren Körper. Es ist uns allen klar, dass unser Körper aus Atomen besteht. Wenn man sich diese Materie unter dem Mikroskop genauer ansieht erkennt man, dass zwischen den einzelnen Atomen nur leerer Raum vorhanden ist und geht man noch weiter ins Detail, sprich ins Atom erkennt man, dass der Atomkern im Größenverhältnis zum gesamten Atom winzig klein ist und dass dieser Atomkern unendlich schnell schwingt, das heißt das Atom besteht aus Atomkern und Hülle aber vor allem aus 99.9% aus NICHTS. Und unser gesamter Körper ist ja ein Zusammenspiel von unendlich vielen Atomen, die zu 99,9% aus NICHTS bestehen, das heißt wiederum, dass unser Körper auch zu 99,9% aus NICHTS besteht. Und um diese restlichen 0,01% EWTAS wird nun so ein Zirkus betrieben.

Sicher hast du auch schon mal davon gehört, dass unsere Existenz nicht mit der Hautoberfläche unseres physischen Körpers aufhört und dass es da noch so etwas wie eine Aura, den Ätherkörper, den Emotional-, Mental- und spirituellen Körper gibt. Und dann gibt es da noch die Energiezentren in unseren Körpern, die Chakren und im Sinne des Lichtkörpers auch noch die sog. Lichtkristalle, die ebenfalls schwingen. Du siehst also alles dreht sich um Schwingung.

Nun stellt sich die Frage, wenn nun alles aus Schwingung besteht und die feste Materie eigentlich gar nichts (0,01%) ausmacht, ist dann vielleicht das NICHTS alles. Schwingung ist Energie und alles was ist taucht in dieser Energieschwingung auf und verschwindet irgendwann auch wieder in dieser. Ob das nun Körper, Pflanzen, Steine, oder was auch immer sind. Bei einigen Dingen, wie zum Beispiel unseren Körpern dauert es nicht solange wie zum Beispiel bei Steinen oder Gebirgen, ja und selbst unser Planet besteht eigentlich nur aus Schwingung, sowie der ganze Kosmos. Spätestens jetzt sollte dir klar sein, dass du wie alles andere ein Teil dieser kosmischen Gesamtschwingung bist. Also: Schwingung in uns und Schwingung um uns. Und Schwingung beeinflusst sich immer gegenseitig, das heißt zum Beispiel, wenn sich die kosmische Schwingung erhöht, erhöht sich auch die Schwingung in uns. Und je besser wir im Fluss des LEBENS leben, also im sogenannten Flow sind, desto leichter tun wir uns mit solchen Schwingungsanpassungen. Wenn wir uns jedoch (unbewusst) gegen solche Schwingungsanpassungen wehren, bekommt unser Körper-Geist-System Probleme damit, da Außen- und Innenschwingung nicht mehr harmonieren; wir sind dann nicht mehr in Flow. Das äußert sich dann in Blockaden, die verschiedenste Auswirkungen haben können, je nachdem, wo jeder Einzelne seine Schwachstellen hat.

Da solche Blockaden aus Schwingungsdisharmonien entstehen, können diese auch am besten wieder mit einer Schwingungsharmonisierung gelöst werden. Dazu gibt es eine Vielzahl von Methoden, wie zum Beispiel jede Art von Energiearbeit (Quantenheilung, Reiki, energetische Harmonisierung, etc) aber vor allem natürlich ein Switch in eigenen Bewusstsein, um auch Nachhaltigkeit zu erreichen. Denn mit dem erwachten Bewusstsein, dass ALLES EINS ist, kann man nur im Flow sein.

So, ich hoffe ich konnte dir ein wenig aufzeigen, dass das Wesentliche wie so oft dort verborgen ist, wo man es am wenigsten vermutet. Nämlich im NICHTS. Der Schatz des LEBENS liegt also im Verborgenen. In dem, was wir mit normalerweise unseren fünf Sinnen nicht erfassen können. Warum „normalerweise"? Weil wir diese Schwingung doch wahrnehmen können, nämlich erspüren. Versuche mal deine Handflächen etwas gegeneinander zu reiben und dann entferne die Handflächen voneinander. Nun bewege die Handflächen leichten aufeinander zu und wieder auseinander. Kannst du den Energiepolster fühlen (vielleicht geht es mit geschlossenen Augen besser)?

Solltest du Interesse daran finden und weiter experimentieren, wirst du herausfinden, dass es immer leichter geht die Energie zu erspüren, nicht nur zwischen deinen Händen, sondern von allen, anderen Personen, Pflanzen, Räumen, Situationen, etc. Hellsichtige Menschen können solche Energien auch sehen (Aurasehen). Aber mit der kosmischen Schwingungsanhebung werden wir früher oder später alle, die sich nicht dagegen wehren, in der Lage sein Energie zu spüren, zu sehen, und wer weiß was noch alles.

Auf jeden Fall kommen „schwingungsmäßig" spannende Zeiten auf uns zu. Ich wünsche dir noch einen guten Flow auf der Welle der Energie.

Bist du ein „Gutmensch"?

Wir kennen ihn bestimmt alle, den Gutmensch. Er ist stets hilfsbereit, immer da wenn man ihn braucht, spricht nie schlecht über andere, hat immer ein offenes Ohr, spendet für Arme, ist demütig für das was er hat und gibt was er kann. Bist du auch so ein Gutmensch oder möchtest du so einer sein/werden. Oder bist du einfach nur gut zu dir selbst?

Kann man nicht beides sein? Gut zu sich selbst und gut zu allen anderen? Natürlich kann man das, und eigentlich bedingt sich das sogar. Denn nur wenn ich gut zu mir selbst sein kann, kann ich auch erst gut zu allen anderen sein, weil ja alle anderen ein Teil von mir sind. Doch sind wir uns mal ehrlich; Wie oft sind wir gut zu anderen (im Außen) und sind es aber eigentlich gar nicht wirklich (im Inneren). Weil wir meinen, das müsse man so tun, weil die gesellschaftlichen Regeln das so verlangen. Doch wäre es nicht ein schöneres miteinander, wenn wir nicht gut, sondern einfach nur ehrlich und aufrichtig wären?

Ein „Gut" im Außen ist nämlich oft ein „Nicht gut" zu mir selbst. Ich mache Dinge für andere, die ich eigentlich nicht machen möchte und bin damit eigentlich nicht gut zu mir selbst, weil ich mir selbst gegenüber nicht ehrlich und aufrichtig bin. Und wie kann ich jetzt allen anderen gegenüber ehrlich und aufrichtig sein, wenn ich es nicht einmal mir selbst gegenüber schaffe?

Überprüfe das mal, ob das bei dir auch so ist. Bei mir jedenfalls ist das so, dass ich mich immer wieder dabei ertappe, dass ich nicht gut zu mir bin. Aber die Erkenntnis ist ja bekanntlich der erste Schritt zur Veränderung bzw. Verbesserung, wobei ich den Begriff Verbesserung eigentlich nicht so gerne verwende, denn im Moment ist immer alles so wie ist perfekt und bedarf somit keiner Verbesserung. Dann versuch ich aber zumindest wachsam zu sein für das nächste Mal, um nicht in die Gesellschaftsfalle zu tappen. Dann versuche ich das nächste Mal gut zu mir zu sein. Das heißt natürlich auch mal zu etwas nein zu sagen, aber umso schöner ist das Gefühl, wenn das zugleich ein JA zu mir selbst ist.

Und es ist auch klar, dass es einen Unterschied macht, wie man nein sagt. Es gibt das unhöfliche Nein, das einfach nur vor den Kopf stoßend ist: „Nein das mache ich nicht, mach deinen Scheiß selber", Nein interessiert mich nicht, such dir einen anderen Trottel". Dieses Nein ist aus dem trotzigen Kind-ICH heraus gesprochen. Und es gibt natürlich auch noch das Nein, das aus einem Erwachsenen-Ich heraus kommt. Wo wir dem Gegenüber mit Respekt und auf Augenhöhe begegnen mit dem Motto: Ich behandle dich so, wie ich auch gerne behandelt werden möchte. Und wenn du erst mal in einem erwachten Zustand durchs Leben wanderst, kannst du sowieso nur mehr so handeln, weil du ja weißt, dass dein Gegenüber immer ein Teil von dir selbst ist, oder besser gesagt du selbst bist. Und so ein Nein ist erklärend: „Nein tut mir leid, das kann ich nicht für dich tun, weil ich gerade andere Pläne habe, aber ein anderes Mal, wenn es passt helfe ich dir gerne", oder eben so ähnlich. Mit so einem Nein kann jeder umgehen und ist im Endeffekt auch besser akzeptiert, weil es eben ehrlich und aufrichtig ist. Und vor allem wissen die anderen mit der Zeit, dass wenn du ein JA gibst du es von Herzen gerne gibst.

Wenn du also gerne ein Gutmensch wärst oder werden möchtest, sein zuerst gut zu dir selbst – und zwar ehrlich und aufrichtig gut, dir gegenüber brauchst du nichts vorschwindeln. Und wenn du erst mal gut zu dir selbst bist, bist du automatisch gut zur Welt und allem da draußen.

Also dann, ich wünsche dir alles Gute zu dir selbst und dass du damit ein Stück mehr an inneren Frieden erfährst.

Wo ist mein ICH?

Wo ist mein Ich, was für eine komische Frage, wird sich jetzt der eine oder andere denken. Wo beginnt mein ICH und wo hört es auf. Wann beginnt mein ICH und wann hört es auf. Fragen über die es sich lohnt einmal gründlich nachzudenken. Beginnen wir mit „Wo ist mein ICH?" Ist mein Ich im Kopf oder in der Brust, im Herz oder im Bauch, wo?

Ist das Ich bei jedem wo anders oder bei jedem an der gleichen Stelle. Frage dich mal wo dein Ich ist, wo es beginnt und wo es aufhört. Nehmen wir mal an deine Antwort lautet: „Mein ganzer Körper ist das Ich und es ist nicht beschränkt auf Kopf, Brust, Herz oder Bauch, oder was auch immer." Nun gut, heißt das, dass dein Ich auf der Hautoberfläche aufhört? Wohl kaum, denn da sind ja noch der Mentalkörper, der Emotionalkörper und der Astralkörper, der außerhalb unserer Hautoberfläche ist, die gehören da ja wohl auch noch dazu. Doch das sind unsere Energiekörper, wo genau hören die auf und fangen die an. Das kann man nicht so abgegrenzt sagen. Und wenn sich diese Energiekörper weit über unseren physischen Körper erheben, wo endet dann mein Ich und wo genau beginnt dann deines wenn wir nebeneinander stehen? Oder wie es ist, wenn du eine außerkörperliche Erfahrung machst, zum Beispiel bei einem Schockerlebnis, sehr hohem Fieber oder tiefst meditativen Zustand. Wo ist dann dein ICH? Im Körper oder außerhalb? Du siehst schon, die Frage „Wo ist mein ICH" ist gar nicht so leicht zu beantworten, wie es zunächst scheint. Nehmen wir uns jetzt mal die nächste Frage vor: Wann beginnt mein ICH und wann hört es auf? Ich höre jetzt schon einige sagen. „Bei der Geburt beginnt's und mit dem Tod endet es". Vielleicht eine doch zu schnelle Antwort. „Nein beginnen tut es schon bei der Zeugung" meinen die einen, andere wieder sagen, das Ich entwickelt sich erst mit den ersten Monaten/Jahren. Und wie ist das jetzt mit der Wiedergeburt. Wird mein ICH wieder geboren und war mein ICH schon in einem vorherigen Leben da? Da mögen sich nun die Geister drum streiten.

Ich meine, dass das ICH nur ein Konzept unseres Verstandes ist, mit dem sich unser Verstand identifiziert. Denn ein Baby meine ich hat noch kein ICH. Das Baby hat keine Ahnung, dass es die Lisa oder der Martin ist. Das bekommt das Baby und in weiterer Folge das Kleinkind erst durch sein Umgebung eingetrichtert. Davor kennt das Baby auch keine Trennung. Erst wenn es das Konzept des ICHs übernimmt, ist das Spielzeugauto nicht nur mehr ein Spielzeugauto, sondern MEIN Spielzeugauto. Bis zu diesem Zeitpunkt war das Baby ICH-los, so wie wir es alle sind, und zwar auf immer und ewig. Nur ist für uns dieses übernommene Konzept des ICHs so real und präsent, dass wir es bis aufs Blut verteidigen, oder vielmehr unser Verstand verteidigt es. Würden wir dieses Konzept nämlich fallen lassen, hätte unser Verstand nichts mehr, mit dem er sich identifizieren könnte, darum setzt der Verstand alle Hebeln in Bewegung um das tunlichst zu vermeiden. Jede Menge logische Erklärungen findet er um uns weiß zu machen, dass da natürlich ein ICH ist und auch eines sein muss, damit wir überhaupt existieren können. Und mit diesem Konzept hält er uns gefangen, und redet uns natürlich ein, dass es ganz übel ist, den Verstand zu verlieren. Und da der Verstand (der uns weiß macht, dass es „unser" Verstand ist, denn es gibt ja auch das ICH) in der Polarität zuhause ist, hat er uns auch das Konzept der Bewertungen übergestülpt, damit wir noch etwas haben mit dem wir uns identifizieren können und den Verstand somit weiter füttern. Ich bin besser oder schlechter, schöner oder hässlicher, reicher oder ärmer, gescheiter oder dümmer. Und so treibt uns „unser" Verstand immer mehr und mehr in die Trennung.

Und diese Täuschung erscheint uns so real, dass die meisten von uns gleich gar nicht auf die Idee kommen diese Konzepte zu hinterfragen. Doch glaube mir, es lohnt sich dies zu hinterfragen. Und die beste Frage erscheint mir eben diese zu sein: Wo ist mein ICH. Denn wenn ich das nicht wirklich dingfest machen kann, ohne Wenn und Aber, dann lösen sich die Folgekonzepte daraus von selbst auf und du wirst ein unheimliches Gefühl von Freiheit und Verbundenheit verspüren, wie es dir mit dem ICH nie möglich wäre.

Doch wieder mal möchte ich dich auffordern, dass nicht einfach so zu glauben und schlechtestenfalls als neues Konzept zu übernehmen. Vielmehr möchte ich dich einladen, das für dich selbst zu hinterfragen und herauszufinden. Denn nur wenn du bei dieser Suche nach dem ICH selbst deine Aha's erlebst, werden sich die ICH-Konzepte, die wie Brandmale in uns eingebrannt sind, auflösen können. Und sei bei der Suche nach deinem ICH auch kompromisslos, lasse kein „ja aber" oder „eventuell" zu, das wäre wieder nur ein Einmischen des Verstandes, der dich versucht von der Wahrheit fernzuhalten. Denn ein aufgelöstes ICH bedeutet auch ein aufgelöstes EGO und eine Auflösung des abgegrenzten Verstandes. Und gegen das wird sich dein Verstand bis zur letzten Synapse wehren.

Wenn du dich aber dazu entschließen solltest dein ICH zu finden, dann wünsche ich dir dabei viel Erfolg, viel Durchhaltevermögen und viel Stärke, um anschließend ins Land von Frieden Verbundenheit und Freiheit zu gelangen.

Vom ICH kontrolliert.

Von mir und auch bestimmt schon von vielen anderen hast du vielleicht schon gehört oder gelesen, dass es beim spirituellen Weg darum geht, sich von seinem ICH zu lösen, von der ICH-Fixierung oder deinem Ego. Vielleicht hast du auch schon solche Momente der Ich-Erlösung erfahren und bist dann aber trotzdem wieder in diese ICH-Fixierung hinein gefallen. Warum passiert uns das immer wieder und warum können wir den Zustand der Ichlosigkeit, wenn wir ihn erst mal erfahren haben nicht halten?

Das liegt daran, dass wir meist bei den ersten Erfahrungen der Ichlosigkeit in einem sehr entspannten Zustand waren, vielleicht sogar in einer Gruppe. Da sind wir dann frei von äußeren Ablenkungen, können uns leichter fallen lassen und auch los lassen. Da kann es dann schon mal passieren, dass du in den Zustand der Ichlosigkeit kommst, und wenn es auch nur für Sekunden ist. Wenn das so ist, bekommst du einen ersten Vorgeschmack davon wie befreiend es ist nicht vom ICH kontrolliert zu werden. Doch dann ist mit Ende der Meditation, des Seminars, des Satsangs oder was auch immer dieser Zustand auch schon wieder weg, uns so schnell könntest du gar nicht schauen und das ICH hat wieder das Kommando übernommen.

Aber verzweifle nicht das ist ganz normal. In unserem Alltag sind wir ständig von unserer Außenwelt gesteuert: Es wird etwas von dir erwartet, du musst bis zu einem bestimmten Termin gewisse Aufgaben erledigt haben, u.s.w. Aber auch von unserer Innenwelt kommt diese Steuerung: Ich muss dem oder das gerecht werden, ich darf dieses oder jenes nicht tun, ich kann doch nicht einfach...

Und diese Steuerungen oder auch Programmierungen halten uns so im ICH gefangen, dass es uns völlig normal erscheint. Die meisten Menschen denken nicht einmal mehr darüber nach, das ist einfach so, das ist das Leben – meinen sie.

Doch frag einmal einen Ureinwohner in Australien oder in Afrika, der im Einklang mit der Natur und Mutter Erde lebt. Der kann das Leben der zivilisierten Menschen in keinster Weise nach vollziehen, warum diese Menschen sich so von sich selbst steuern lassen wie Marionetten im Puppentheater.

Aber wenn du schon so einen Vorgeschmack der Ichlosigkeit bekommen hast und dauerhaft in diesem Zustand der befreiten Ichlosigkeit verweilen möchtest, dann braucht es zunächst mal viel Durchhaltevermögen und vor allem aber die innere Sehnsucht.

Was du versuchen kannst damit du dauerhaft von deinem ICH los kommst, ist, dass du zunächst mal den inneren Beobachter in dir erweckst und durch ihn mal zunächst einfach nur beobachtest, was dein ICH mit den Dingen wie Wut, Hass, Trauer, Angst, Liebe oder was auch immer auftaucht im Hier und Jetzt damit macht. Was macht das ICH damit. Versuche der Beobachter deiner Selbst zu werden. Das erscheint zunächst mal, wenn du das noch nie gemacht hast, etwas schizophren. Ich beobachte mich, wie ich mit Gefühlen und Emotionen umgehe. Und versuche in die Beobachtung eine Wertlosigkeit hinein zu legen. Das heißt bewerte es nicht, beobachte einfach nur. Betrachten wir das einmal am Beispiel der Wut. Wenn durch eine Situation in deinem System (Nennen wir dich in diesem Beispiel der Einfachheit halber „Max") Wut aufgerufen wird, können je nach deiner Programmierung und des Wutauslösers folgende Reaktionen ausgelöst werden.

- Du frisst die Wut in dich hinein, es schnürt dir den Hals zu, sodass du nicht einmal etwas sagen kannst, oder
- Du explodierst, brüllst dein Gegenüber an und wirfst mit Beschuldigungen nur so um dich, oder

- Du wirst vielleicht sogar aggressiv, schmeißt mit Dingen um dich und greifst dein Gegenüber vielleicht sogar körperlich an.

Egal wie das Muster auch immer aussehen mag, versuche das als dein Beobachter zu beobachten: Wie geht der Max nun mit dieser Wut die aufgetaucht ist um? Und beobachte dies wertfrei, ohne zu beurteilen, ob diese Reaktion gut oder weniger gut ist, um das geht es dabei nicht. Versuche durch die Beobachtung die Muster dahinter zu erkennen, welche Knöpfe wurden jetzt beim Max gedrückt, damit er so reagiert wie er reagiert. Sprich über dich selbst ruhig in der dritten Person zu dir, dann ist der Abstand leichter zu wahren.

Wenn du das immer öfter und öfter praktizierst ist das ein erster Schritt, um dich von der ICH-Kontrolliertheit zu lösen. Doch das ist wie gesagt nur ein erster Schritt – und es muss nicht unbedingt dieser sein, das ist ein möglicher Schritt.

Denn Fakt ist: Wenn der Beobachter wahrnimmt, was der Max mit den aufsteigenden Gefühlen und Emotionen tut, ist da eben immer noch jemand der beobachtet. Und in der Ichlosigkeit ist da aber gar niemand mehr. Aber das wirst du dann selbst erkennen, wenn du dich als Beobachter eine Zeit lang selbst beobachtest. Dann wirst du erkennen, dass auch der Beobachter du bist, der etwas beobachtet.

Wenn es dir nun gelingt auch diesen Beobachter fallen zu lassen, dann sind da einfach nur mehr Gefühle und Emotionen, die im Hier und Jetzt auftauchen, mit denen aber keiner mehr etwas tut, weil keiner mehr da ist der etwas tun will. Es gibt dann nicht einmal mehr einen Beobachter der darauf aufpasst, was nun passiert, weil es dann nämlich völlig „wertlos" ist, ob etwas passiert oder nicht. Was übrig bleibt ist dann das Wahrnehmende, dass auftauchende Gefühle und Emotionen wahrnimmt und auch dessen Verschwinden wieder wahrnimmt, ohne Bewertung, ohne irgendetwas festhalten zu wollen, oder etwas wegschieben zu wollen, oder etwas unterdrücken zu wollen.

Dann bist du frei vom ICH und kannst die Welt sehen wie sie wirklich ist. Nämlich, dass alles was da im Hier und Jetzt auftaucht nichts mit Dir zu tun hat, da dein Ich nur eine Einbildung, eine Illusion ist und dadurch gibt es nichts Persönliches mehr . Und sobald du im Zustand der Unpersönlichkeit bist, bist du frei und hast den inneren Frieden gefunden, der schon immer da war. Er wurde bis dahin nur vom Ego verdeckt.

Shift im Bewusstsein

Hier möchte ich mit Dir eine Erfahrung teilen, die ich in einer Trance-Meditation hatte. Vielleicht hilft diese erfahrene Erkenntnis bzw. das nachfolgend beschriebene Gleichnis dem einen oder anderen auch weiter.

Aber zunächst mal zum Ausgangspunkt. Ich komme in meinem Leben immer wieder an einen Punkt, an dem ich eine tief sitzende Angst wahrnehme, dass das was ich tue oder tun will nicht das Richtige ist und verfalle daher meist in eine Art Starre, weil da in mir jemand oder etwas ist, der sich offenbar vor irgendetwas fürchtet. Also hatte ich beim Einstieg zu meiner letzten Trance-Meditation das Bedürfnis demjenigen in mir in die Augen zu sehen, der da immer wieder Angst hat. Was sich nun zeigte war zwar nicht ein Jemand, dem ich tatsächlich in die Augen blicken konnte, sondern es tauchten folgende Bilder innerhalb der Trance-Meditation auf.

Zunächst war da ein tiefer runder Kerker, in dem ich am Boden zusammengekauert lag. Es war finster, da der Kerker kein Fenster hatte nur ganz oben war ein Lichteinfall auszumachen, der von einer Lucke oder einem Einstieg herein fiel. Komischerweise hatte ich in diesem Kerker aber keinerlei Angstgefühle, ganz im Gegenteil, ich fühlte mich da sicher und auch ein wenig geborgen. Im weiteren Verlauf der Meditation verwandelte sich dieser Tiefe Kerker in einen hohen Turm, der auf einer weiten Wiesenfläche stand und ganz oben am Turm war ein Licht zu sehen. Der ganze Turm ähnelte sehr stark einem Leuchtturm, nur das dieser eben nicht am Wasser, sondern auf der weiten Wiese stand. Weiters war zu erkennen, dass ich von innen nicht aus diesem Turm hinaus blicken konnte, da ich ja am Boden des Turm „gefangen" war und es nur ganz oben eine Aussicht gab. Verblüffend war allerdings, dass man von außen sehr wohl in den Turm hinein blicken konnte, da von außen betrachtet die Wände des Turms transparent erschienen und von außen konnte ich mich am Boden des Turms klar erkennen.

Und nun gab es plötzlich einen Shift in meiner Wahrnehmung. Ich war plötzlich nicht mehr der zusammengekauerte Körper am Boden des Turms, sondern das Licht ganz oben am Turm, das sowohl in das Innere des Turms, wie auch in die Weiten der Umgebung leuchtete. Mental sprach ich dann als Licht (auch als höheres Selbst zu sehen) zu meinem Körper-Dasein (auch als Ego zu sehen), dass es völlig o.k. ist, den Turm zu verlassen, da ich ohnehin immer den Weg ausleuchten werde und der Turm als solches ja bestehen und für mich reserviert bleibt als Rückzugsort, sollte ich ihn wieder mal brauchen. Und zögernd verließ mein Körper-Dasein diesen Turm mit der beruhigenden Gewissheit, dass das Licht immer bei mir ist und mir den Weg leuchtet, den ich gehen werde.

Diese Meditation-Erfahrung hinterließ in mir ein Vertrauen, dass mein höheres Selbst, das mit allem verbunden ist, immer weiß was für mich richtig ist und dass es vor allem völlig egal ist, was das Ego fürchtet, denn aus übergeordneter Sicht gibt es nichts zu befürchten. Diese Ängste im Körper-Dasein des Egos sind immer nur Zweifel im Verstand. Und der Verstand wiederrum ist nur ein Teil des Körper-Daseins, das aber nur einen geringen Anteil des Ganzen erkennen kann und daher aus diesem eingeschränkten Blickwinkel immer Zweifel haben wird.

Für mich war es zumindest sehr wertvoll diesen Shift vom Ego-Bewusstsein zum „Höheren-Selbst-Bewusstsein" in dieser Trance-Meditation zu erfahren.

Vielleicht hat ja der eine oder andere von euch da draußen einen ähnlichen Ausgangspunkt, dann kann dir dieses Gleichnis des Leuchtturm-Lichtes vielleicht helfen.

Der freie Wille im Nichtsein

Der freie Wille macht uns unter anderem als Individuum aus, so meinen zumindest viele. Doch wie ist das mit dem freien Willen wirklich? Haben wir einen, und wenn wir einen haben, warum nützen wir ihn dann nicht, oder haben wir vielleicht gar keinen freien Willen? Ich denke eine Frage, der es sich mal lohnt etwas auf den Grund zu gehen.

Die Idee eines freien Willen macht natürlich nur Sinn, wenn du dich auch mit deiner Persönlichkeit identifizierst, und glaube mir, ein Großteil der Menschheit tut dies. Und deshalb lebt auch ein Großteil der Menschheit die Idee des freien Willens. „Ich kann entscheiden was ich tue und was ich lasse" heißt es da nur zu oft. Doch das entscheidende Wort in dieser Aussage ist das „Ich". Wer ist das, der da glaubt einen freien Willen zu haben? Ist das dein wahres SEIN, das was du auch ohne deinen Körper bist, oder dein Ego, also dein Körper-Ich? Ich denke die Antwort ist dir klar: Es ist natürlich das Ego. Und da auch das Ego nur eine Idee, ein Konzept in deinem Verstand ist, bleibt auch der freie Wille nur eine Idee, ein Konzept deines Verstandes. Und der Verstand lebt in der Begrenzung, da er in der Polarität gefangen ist, aber dein wahres (Bewusst-)SEIN tut das nicht, das ist raum- und zeitlos ohne Begrenzungen und Konzepte.

Da nun noch sehr viele Menschen im Ego verhaftet sind und daher auch die Idee des freien Willens leben, lebt natürlich auch jeder von ihnen seinen eigenen freien Willen (oder zumindest die Idee davon) aus und somit lebt jeder von ihnen in seiner eigenen Welt, so wie er sie in der Ego-Wahrnehmung eben sehen kann. Dadurch, dass jeder seine eigene Ego-Welt aufgebaut hat, und das große Ganze nicht erkennen kann, entstehen zwangsläufig Missverständnisse, Neid, Leid, Kriege, u.s.w. Jedes einzelne Ego glaubt es besser zu wissen und versucht seinen „freien Willen" durchzusetzen. Ich weiß, dass die Idee des freien Willens von sehr sehr vielen Menschen gelebt und verteidigt wird bis aufs Blut, doch glaube mir nichts, versuche für dich selbst herauszufinden, ob der freie Wille real oder nur eine Idee des Egos ist. Denn nur wenn du es für dich selbst erkennst, ist das ein Schritt in deine Freiheit und zum inneren Frieden.

Wenn du jedoch erkennen kannst, das du von Grund auf frei bist von deinem Ego und nicht sein Gefangener, dann lösen sich all die Ideen und Konzepte deines Egos in Nichts auf. Dann tauchen im Spiel des Lebens einfach nur Situationen auf und gehen wieder, so wie sie gekommen sind. Das einzige was bleibt ist diese Situationen wahrzunehmen und zu beobachten und wenn Gefühle oder Emotionen dazu auftauchen, dann lass sie. Auch die gehen wieder, so wie sie gekommen sind. Das sind nur Körperreaktionen, die dir dein Ego schickt, damit du in der Geschichte gefangen bleibst. Versuche sie einfach nur als das zu sehen, was sie sind, eben nur Gefühle und Emotionen OHNE Geschichte. Dann nimmst du deinem Ego mehr und mehr die Macht über dich und du wirst mehr und mehr frei. Und in Freiheit der Nicht-Identifikation mit deinem Körper und deinem Ego wirst du erkennen, dass es da keine Person mehr gibt, die Geschichten verteidigen oder einen Willen durchsetzen muss, denn du bist weit mehr – DU bist ALLES und das Ego ist Nichts. Übrigens spiegelt schon alleine das Wort „Person" die Illusion wieder, denn „Person" stammt aus dem lateinischen „Persona" und bedeutet so viel wie Maske des Schauspielers, das heißt als Person hast du nur eine Maske über dein wahres SEIN gelegt, das du dann als DEIN ICH bezeichnest.

Du siehst also, es dreht sich immer nur um die eine selbe Sache: Werde dein ICH los und du bist frei von den Anhaftungen des Egos. Ich empfehle dir dazu auch die Artikeln „Vom ICH kontrolliert" und „Lass' Dich los und werde frei!"

Und tröste dich, wenn das nicht von heute auf morgen geht, oder wenn es dir nur in Teilbereichen oder zunächst nur in gewissen Situationen gelingt. Ich übe mich auch noch darin, aber mein Innerstes weiß, dass es sich lohnen wird.

Vom Ego zum Sein

Geht es dir auch oft so, dass du es satt hast vom Ego dominiert zu werden, von den Gedanken deines Verstandes? Es ist doch mühselig immer wieder in die Programme und Glaubenssätze des Verstandes zurück zu fallen. Vielleicht hast du dir auch schon oft gesagt: „Ich will endlich wissen, wie ich das Ego loswerden kann und endlich zum wahren Sein zu finden."

Um allerdings vom Ego zum Sein zu kommen ist es zunächst wichtig zu wissen, worin genau der Unterschied zwischen Ego und Sein liegt. Nun, das Ego will wissen, weil das Ego nur einen Datenabgleich machen kann, das Sein hingegen will spüren und erfahren. Immer wenn du etwas wissen willst, geht es eigentlich um Ego-Futter, das Ego ist auf Worte fixiert, das Sein hingegen auf das was zwischen den Worten stattfindet, auf die Essenz hinter den Worten. Die Essenz, die Wahrheit ist mit Worten nicht greifbar. Vielleicht ist es dir auch schon einige Male passiert, dass du jemanden zugehört hast, sei es einen spirituellen Lehrer, oder aber auch einfach nur einen Freund und du die Wahrheit spüren konntest, auch wenn du vielleicht gar nicht wirklich verstehen konntest, was die Worte, die du hörtest, sagten. Dann bist du in die Essenz eingetaucht und hast dich deinem Sein hingegeben. „Ich verstehe zwar nicht was er oder sie da sagt, aber ich spüre tief in mir drinnen, dass es wahr ist". Wenn du dich diesen oder einen ähnlichen Satz schon mal sagten hörtest, dann hast du den Unterschied zwischen Ego und Sein wahrgenommen. Das Ego kann zwar das WAS erfassen, aber das Sein erfasst das WIE. Und das Sein braucht auch keine Bestätigung oder Beweise, weil das Sein die Wahrheit spürt. Und spüren kannst du die Wahrheit immer nur zwischen den Worten, in den Lücken des Nichtgesagten.

Die Worte dienen eigentlich nur dazu dich auf die Stille zwischen den Worten hinzuweisen, in der die Wahrheit liegt.

Jetzt wirst du dir vielleicht denken, wenn die Wahrheit nicht in den Worten, sondern in der Stille liegt, warum wird dann so viel geschrieben und geredet? Weil uns die Worte als Hinweisschilder auf die Wahrheit dienen, und dafür sind die Worte unsagbar wichtig, weil wir auf den Irrwegen, auf denen wir uns oft befinden, genau solche Hinweisschilder brauchen. Auch in der ZEN-Lehre gibt es den Ausspruch „Sei still". Auch das ist ein Hinweis(schild) darauf, dass du vom Gesagten und auch Gedachten, denn das sind ja auch nur unausgesprochenen Worte, in die Wahrheit des Spürens kommen sollst. Versuche also mehr in das Gesagte hinein zu spüren, als auf das Gesagte zu hören, klebe nicht an den Worten, sondern gib dich der Essenz hin, lass dich von der Essenz des Gesagten berühren, dann wirst du den Weg zu deinem inneren Frieden und deinem wahren SEIN finden.

Wunschlos glücklich sein

Wunschlos glücklich zu sein ist wohl ein Zustand, den sich die meisten von uns wünschen. Es gibt auch Menschen, die das von sich behaupten, weil sie meinen, sie haben bereits alles erreicht, was sie sich vorgestellt haben. Ein tollen Job mit übermäßigem Einkommen, ein großen Haus in ruhiger Lage, ein Auto mit dem man sich sehen lassen kann, eine Familie, die einen liebt, u.s.w. Doch wie viel diese Menschen auch haben, sind sie wirklich wunschlos glücklich?

Wenn du in den Zustand vom wunschlosen Glück eintreten willst, musst dir zunächst mal klar werden, wie Wünsche überhaupt entstehen? Wünsche treten immer aus dem identifizierten Ich hervor, da das Ich sich als getrenntes Wesen von allen anderen Ich's betrachtet und somit bewusst oder unbewusst vergleicht, was die anderen Ich's haben, das ich nicht habe. Und aus diesem scheinbar erkannten Mangel des getrennten Ich's kommen dann Wünsche hoch. Auch wenn es vielleicht keinen materiellen Wünsche sind, dann sind es vielleicht immaterielle Wünsche, wie z.B. der Wunsch nach Anerkennung, geliebt zu werden, endlich erleuchtet zu werden, oder was auch immer. Doch egal welcher Wunsch sich wie zeigt, er kommt doch immer aus dem getrennten Ich heraus. Nun ist natürlich auch der Schluss richtig, dass je mehr Wünsche du hast, desto stärker bist du noch in deinem getrennten ICH verhaftet. Doch verzweifle nicht, wenn das für dich zutrifft, denn die meisten Menschen sind das noch und du hast ja in jedem Augenblick die Möglichkeit dein Leben anderes zu leben.

Wenn du also in den Zustand eines wunschlosen Glücks eintreten möchtest, musst du dir zunächst die Frage stellen: „Bin ICH wirklich dieses getrennte Ich, wofür ich mich ein Leben lang gehalten habe und das mir von Kind auf „eingebläut" wurde?" Denn das getrennte Ich kann die Dinge, die uns im Leben begegnen nicht unmittelbar und direkt erfahren, da der Verstand dieses getrennten Ichs auf jede unmittelbare Erfahrung sofort ein gedankliches Etikett daran heftet, wie z.B. „meine" Frau, „großes" Auto, „liebes" Kind, „komisches" Haus, „belastende" Situation, „erfolgreiches" Ereignis, u.s.w.. Diese Liste könnte ich endlos fortsetzen, da unser Verstand unentwegt dabei ist, Erlebtes zu „etikettieren". Wenn du nun erkennen kannst, dass das so ist, versuch doch mal diesen Vorgang deines Verstandes zu beobachten. Wo immer du gerade bist, schau dich mal in deiner Umgebung um: Was kannst du unmittelbar sehen, hören, riechen, u.s.w.. Du nimmst vielleicht ein Handy wahr und bevor du dich versiehst, ist es auch schon „dein" Handy. Oder vielleicht kannst du einen Duft wahrnehmen und sofort wird dieser Duft zu einem „angenehmen" oder „unangenehmen" Duft.

Und durch diese Etikettierung des Erlebten durch unseren Verstand wird alles sofort in richtig und falsch, oder gut und schlecht, oder will ich oder will ich nicht haben, eingeteilt. Durch diese Bewertung entsteht dann unvermeidbar der Wunsch etwas zu erreichen oder weg haben zu wollen.

Doch DU bist nicht deine Gedanken, denn wenn das so wäre könntest du deine Gedanken ja auch kontrollieren, könntest bestimmen was du denkst und was du nicht denkst. Doch darüber haben wir keinerlei Kontrolle, Gedanken kommen einfach. Sie docken bei uns an, je nachdem welche Muster in uns wohnen, ob wir diese Gedanken nun wollen oder nicht. Denn würden wir unsere Gedanken kontrollieren können, würde doch kein Mensch auf die Idee kommen, sich „schlechte" Gedanken zu holen, die ihn runter ziehen.

Wenn du nun erkennen kannst, dass du nicht deine Gedanken bist und auch nicht die Gefühle, die durch diese Gedanken hervorgerufen werden, dann bist du schon einen großen Schritt weiter zum wunschlosen Glück. Wenn du in weiterer Folge nämlich für dich erkennen kannst, dass es dieses gedankliche ICH gar nicht bzw. nur in deiner Vorstellung gibt, dann kannst du die Geschichte über „dein Ich" auch fallen lassen. Dann gibt es da einfach nur eine Wesenheit, durch die sich das LEBEN ausdrückt. Und das LEBEN meint es immer gut mit uns, wenn wir uns nur nicht mit unseren ichidentifizierten Gedanken immer einmischen und uns dadurch gegen das LEBEN stellen würden.

Erkenne also durch die Beobachtung der gedanklichen Etikettierung, dass da einfach nur der Verstand mit seinen selbstgebastelten Gedanken das Erlebte bewertet wo es nichts zu bewerten gibt! Und mit dem Erkennen, dass du nicht deine Gedanken bist, kannst du dich auch leichter von deinem vorgestellten ICH lösen. Und im ungetrennten ICH, wenn du dann erkennen kannst, dass du immer selbst Teil des Erlebens bist, dass da nicht das LEBEN und DU bist, sondern dass das alles dasselbe ist, kannst du in die Wunschlosigkeit eintreten, da es in diesem Zustand nichts mehr zu wünschen gibt, da DU und das LEBEN eins ist, das bereits alles in sich trägt.

Viel Spass bei deinen Beobachtungen und Erkenntnissen.

Gedanken zum Verstand und seinem Treiben

Die Natur schert sich einen Dreck darum, ob man etwas sollte oder nicht – Warum tust Du es?

Anutosho

Die Gefahr in der Zeit; in Gedanken verlieren

Wie oft passiert es dir, dass du mit deinen Gedanken in der Vergangenheit oder in der Zukunft bist – und vor allem: Bist du das bewusst oder unbewusst?

Sich in Gedanken in der Vergangenheit zu verlieren ist an und für sich nichts Schlechtes, wenn es darum geht geschehene Ereignisse zu analysieren, um daraus etwas zu lernen und zwar für das JETZT. Dann hast Du deinen Verstand benutzt und zwar bewusst.

Wenn du allerdings mit deinen Gedanken in der Vergangenheit hängen bleibst und weitere Geschichten um die geschehenen Ereignisse herum baust, die du dann auch noch in eine Zukunft projizierst und dir dann auch noch Sorgen machst über das was wegen der gebauten Geschichten alles passieren kann, dann hat der VERSTAND dich benutzt und zwar unbewusst.

Es passiert uns doch ständig, dass wir mit unseren Gedanken überall in der Vergangenheit oder Zukunft sind und nur nicht im JETZT. Du kannst das leicht für dich selbst nachprüfen:

Wenn du in Problemen verhaftet bist, dann sind deine Gedanken in der Vergangenheit, weil du das bereits Geschehene nicht akzeptieren kannst oder willst. Doch geschehen ist geschehen, das kannst du nicht mehr ändern. Es ist wie es ist. Und es war richtig so wie es war, denn sonst wäre es nicht so gewesen. Die eigentliche Frage, die DU dir stellen solltest lautet: Was für ein Problem habe ich in diesem Moment, JETZT. Nicht eine Minute oder Sekunde vorher oder eine Minute oder Sekunde nachher, sondern JETZT. Nimm dir Zeit um das für dich zu prüfen – kommt da JETZT wirklich ein Problem?

Schauen wir uns die zweite Zeitschiene an, die Zukunft. Wenn du dir Sorgen machst, dann sind deine Gedanken in der Zukunft, weil du das Geschehene bzw. deine „Erfahrungen aus der Vergangenheit" in die Zukunft projizierst und befürchtest, dass es wieder so oder so ähnlich kommen könnte. Doch das ist nur eine Geschichte in deinem Kopf, deinem Verstand. Dein Verstand kann aber nicht wissen was kommt, er will dich damit nur aus dem JETZT reißen. Und was sind das eigentlich für „Erfahrungen aus der Vergangenheit"? Das sind Interpretationen deines Verstandes und diese Interpretation beschreibt einen Blickwinkel, eine Geschichte. Und der Verstand lässt dich glauben, dass das die einzig wahre Geschichte ist, doch das ist sie nicht. Das kannst du für dich sehr leicht überprüfen. Denke an ein Problem, das du mit einem Freund oder Freundin besprochen hast. Da tun sich meist noch mehrere Blickwinkel auf und vielleicht kommt daraus die Erkenntnis, dass es gar kein Problem gibt. Wie sicher ist also nun die Interpretation deines Verstandes?

Fakt ist der VERSTAND will dich ständig in der Vergangenheit oder Zukunft halten, damit du das JETZT verpasst. Denn das LEBEN findet immer und nur im JETZT statt. Selbst wenn du an ein Problem in der Vergangenheit denkst, tust du das JETZT. Oder wenn du dir Sorgen über die Zukunft machst, tust du das JETZT. Doch wenn du mit deinen Gedanken in der Vergangenheit oder in der Zukunft bist, bist du nicht präsent in JETZT, deine SINNE sind von den Gedanken, deinem Verstand abgelenkt und du verpasst das eigentliche LEBEN, das JETZT.

Doch wie schafft man es im JETZT präsent zu bleiben? - Versuche so oft und so lang es geht dich voll auf deine Sinne zu konzentrieren. Was riechst du in diesem Moment, welches Duft liegt in der Luft was siehst du, welche Farben, welche Formen, was hörst du, hörst du das Vogelgezwitscher, das entfernte Sprechen von Leuten, was kannst du spüren, spürst du den Sessel auf dem du sitzt bewusst, spürst du das Gras auf dem du gehst bewusst, was schmeckst du?

Das sind alles Dinge die im JETZT passieren, die das LEBEN ausmachen. Nimmst du das immer bewusst wahr, oder verpasst du das oft, weil du unbewusst im Gedankenkarussell deines Verstandes gefangen bist?

Befreie dich von deinem unbewussten Gedankenkarussell und lebe bewusst im JETZT. Lebe intensiv im JETZT. Lebe das LEBEN und werde nicht vom Verstand „gelebt".

Wenn dir das mehr und mehr gelingt wirst du erkennen, wie befreiend das Leben sein kann, weil das JETZT ist wie es ist, es ist nicht gut, es ist nicht schlecht, es ist. Bewertungen (Geschichten) macht nur unser Verstand durch seine Sichtweise auf das Leben, aber es ändert nichts daran, es ist wie es ist. Annehmen von dem was ist, ist die einzige Kunst zu leben. Erst dann wirst du inneren Frieden erlangen, weil du es geschafft hast den Verstand „abzuschalten" und ihn nur mehr einschaltest wenn du ihn für nützliche Dinge des Alltags brauchst. Dann bist du wach, bist du erwacht.

Lebst du mit übernommenen Muster, oder denkst du selbst

Wie oft kommt es vor, dass du dich dabei ertappst in übernommenen (Gedanken-)Mustern zu leben oder zu agieren? Oder merkst du es vielleicht gar nicht mehr, so sehr haben sie schon Besitz von dir genommen? Doch wie soll ich eigentlich erkennen, ob meine Verhaltens- oder Denkweisen aus übernommenen Mustern stammen oder nicht? Das lässt sich eigentlich sehr leicht überprüfen.

Beobachte nur sehr aufmerksam deine gewählten Worte, ob tatsächlich ausgesprochen oder nur gedacht macht dabei keinen Unterschied. Und dann beginne einfach zu hinterfragen:
Sind das wirklich meine Gedanken oder vielleicht die Gedanken meiner Eltern, meiner Lehrer, der Zeitung, des Fernsehers, des Radios, der Politiker, der Ärzte, der Masse oder was auch immer. Hab ich das, was ich da sage einfach nur schon mal gehört und plappere es einfach nur nach ohne zu überlegen, einfach nur weil ich es immer und immer wieder gehört habe? Wenn du so eine Entdeckung machst, dann darf ich dir gratulieren, denn du hast herausgefunden was wirklich deine Gedanken sind, die aus deinem SEIN kommen und was übernommene Gedankenmuster sind.
Wenn du bemerkt hast, dass du übernommene Gedankenmuster hast, beginne für dich zu hinterfragen, ob das auch für dich, für dein SEIN so stimmt. Wenn ja, dann deckt sich das zufälliger Weise, dann ist gut, aber sei vorsichtig und urteile nicht vorschnell, denn meistens trifft es eigentlich nicht zu. Aber wenn diese Gedankenmuster für DEIN SEIN nicht stimmig sind, dann solltest du dir Gedanken darüber machen, warum du diese Ge-

danken oder Meinungen überhaupt teilst. **Denn Fakt** ist, je mehr wir in übernommenen Mustern leben, **desto mehr** sind wir von unserem eigentlichen SEIN, unserem **LEBEN** entfernt. Und irgendwann wird dann eine Schwelle überschritten, wo man gar nicht mehr merkt, dass man „fremdbestimmt" ist. Man ist dann eigentlich nur noch eine Marionette, ein **Gedanken**-Zombie. Du kennst sicher solche Leute, die im Tratsch die Schlagzeilen der Massenmedien wie ein Gebet rauf und runter beten. Ich nehme an, dass das bei dir noch nicht der Fall ist, **denn sonst** würdest du dieses Buch gar nicht lesen, du würdest **dich nicht** für dein SEIN interessieren.

Und vielleicht noch als kleiner Tipp: **Selbst denken** lässt sich auch gut trainieren, indem du dir bewusst **selbst Fragen** über das Leben stellst. Und wenn wir keine „gescheiten" **Frag**en einfallen, das Internet ist ja voll davon.

Hier vielleicht ein paar Anregungen, **falls du diese** brauchst:

- Wo urteilst Du zu schnell?
- Glaubst Du, was Du siehst, oder siehst **Du, was Du** glaubst?
- Womit bist Du Dir wirklich sicher, **wofür würdest** Du Deine Hand ins Feuer legen?
- Was inspiriert Dich?
- Wovor fürchtest Du Dich?
- Wo hat Dich die Angst davon abgehalten, **das Ric**htige zu tun?
- Was macht Dich stolz – und was würde **Dich noch** stolzer machen?
- Wie fühlst Du Dich, wenn Du „Nein" **sag**st?
- Wie fühlst Du Dich, wenn Du „Ja" **sag**st?
- Woran denkst Du, wenn Du „Zuhause" **oder „Heim**at" hörst?
- Wofür bist Du dankbar?

Ich möchte dich ermutigen es auszu**probieren** und wünsche dir viele neue Erkenntnisse bei deiner Selbster**forsch**ung und der

Findung deines SEINS, dass dich dann mit Sicherheit zum inneren Frieden finden lässt.

Leben nach der Sinuskurve (Mal oben, mal unten)

Unser aller Leben besteht aus Höhen und Tiefen und allem was ebenso dazwischen liegt. Und wenn wir uns ein glückliches friedvolles Leben vorstellen, meinen viele, das müsste sich doch eigentlich dann immer in den Höhen abspielen. Und wer sich schon näher mit dem LEBEN beschäftigt hat, weiß, dass sich das LEBEN immer nur im Moment abspielt, nicht in der Vergangenheit, nicht in der Zukunft. Doch wo entlang der Sinuskurve des Lebens befinden wir uns eigentlich bezüglich Vergangenheit, Zukunft und Moment?

Sehen wir uns so einen Sinusverlauf mal etwas genauer an und lasst uns dort beginnen, wo es am schönsten ist, am Höhepunkt. Wir alle kennen diese Phase, zum Beispiel wenn wir frisch verliebt sind, oder wenn beruflich einfach alles wie am Schnürchen läuft und uns sowieso alles gelingt was wir anfassen. Wir fühlen uns unverletzlich, unzerstörbar, nichts scheint uns unmöglich, wir genießen das LEBEN in vollen Zügen, wir genießen jeden Moment, wir sind im Moment.

Doch wir alle haben schon erfahren müssen, dass dieser Zustand nicht ewig anhält und die „Talfahrt" beginnt. In der Liebe schleichen sich Ungereimtheiten ein, es läuft nicht mehr so harmonisch, im Job läuft es auch nicht mehr so rund, an uns gestellte Anforderungen erscheinen uns immer schwieriger. Und was jetzt passiert, ist dass wir den Moment verlassen. Wir erinnern uns gerne an den optimalen Zustand, sehnen diesen wieder herbei und je mehr wir uns von diesem optimalen Zustand entfernen im Zuge der Talfahrt, desto mehr leben wir in der Vergangenheit und des gedanklichen Nachhinkens. Und je mehr wir uns aus diesem Moment verabschieden, desto mehr verabschieden wir uns auch vom eigentlichen LEBEN.

Und irgendwann trifft es uns wie ein Hammer. Der <u>Tiefpunkt</u> der Sinuskurve. Das kann dann das (scheinbar) plötzliche Liebesaus sein, der Jobverlust, eine schwere Krankheit oder ähnliches. Und wir versinken im seelischen und/oder körperlichen Schmerz. Und dieser Schmerz wirft uns wie ein Boomerang zurück in den Moment und somit auch ins Leben. Wir sehen ab sofort Wertigkeiten wieder anders und sind mit unserer ganzen Aufmerksamkeit am präsenten Schmerz, jetzt und in diesem Moment.

Doch jeder Schmerz vergeht, weil ja auch die Zeit angeblich die Wunden heilt und wir beginnen wieder nach vorne zu schauen, das heißt ab sofort geht unser Blick in die Zukunft. Der Beginn des <u>Höhenfluges</u>. Und nicht nur unser Blick, sondern natürlich auch unsere Gedanken und schon sind wir wieder dabei den Moment und das eigentliche LEBEN zu verlassen. Jetzt sehnen wir nicht nach Vergangenen, sondern nach möglichen, zukünftigen Szenarien: „Ach wenn es nur so sein könnte" oder „ Wenn ich das erst mal geschafft habe, dann…". Wir entwickeln wieder Datendrang und Energie, wodurch wir auch wieder nach oben kommen in der Sinuskurve, egal, ob jetzt genau das Gewünschte eintritt oder nicht. Wenn nicht das Gewünschte, dann eben etwas anderes Gutes. Und das geschieht solange bis wir wieder ganz oben sind am <u>Höhepunkt</u>, dann können wir endlich wieder jeden Moment auskosten, denn jetzt haben wir ja endlich unseren Seelenpartner gefunden, endlich im richtigen Job gelandet, endlich den sportlichen Erfolg geerntet, oder was auch immer.

Du siehst, wenn du die vier Phasen der Sinuskurve verfolgst, dass wir eigentlich nur am Höhepunkt und am Tiefpunkt wirklich Leben, wirklich im JETZT sind. Und wenn wir die vier Phasen einfachheitshalber mal alle zeitlich gleich lang betrachten (was es nicht ist), bedeutet das, dass wir mindestens das halbe LEBEN nicht leben, sondern nur Passagier der Gedanken in Vergangenheit und Zukunft sind.

Versuche für dich die letzten vier Phasen in deinem Leben zu rekonstruieren und du wirst vielleicht auf ähnliche Erkenntnisse stoßen. Aber sicher hast du auch noch andere Erkenntnisse und ich würde mich freuen, wenn du mir diese in den Kommentaren mittteilst, dann haben wir alle (soll heißen auch die anderen Teile von DIR) was davon. Auf jeden Fall werden dir deine Erkenntnisse dabei helfen bewusster und somit auch friedvoller zu LEBEN.

Ein Leben auf Autopilot

Wahrscheinlich hast du auch schon mal das Gefühl gehabt auf „Autopilot" zu laufen. Du funktionierst einfach nur, ohne dass du wahrnimmst, was du wann eigentlich tust und trotzdem fällst du nirgends runter, läufst nicht in Lichtmasten hinein oder fährst mit dem Auto einfach gegen die Wand. Warum ist das so? Weil wir im Prinzip wie ein Computer funktionieren, wenn wir im Autopilot-Modus laufen. Programme, die wir uns angeeignet haben, spulen sich wie von selbst herunter.

Nehmen wir zum Beispiel eine Autofahrt, die du täglich durchführst, vielleicht zur Arbeit oder in die Schule. Jede Tag zur selben Zeit dieselbe Strecke. Das fährt sich ja schon von alleine, hör ich viele sagen. Wir überqueren dabei Kreuzungen mit Ampeln fahren über Zebrastreifen, u.s.w. und nehmen das gar nicht mehr richtig wahr. Ist es dir auch schon mal passiert, dass du nach dem Überqueren einer Kreuzung nicht mehr mit Sicherheit sagen konntest, ob die Ampel wirklich auf Grün oder vielleicht doch auf Rot war? Bist du bei der „Hausstrecke" auch oft so in Gedanken verloren, dass du die letzten zurückgelegten paar Kilometer gar nicht mehr weißt? Und trotzdem ist nichts passiert. Gott sei Dank, oder soll ich besser sagen „Programme sein Dank".

Diese Programme, sprich automatisierten Abläufe haben sich so in unserem Unterbewusstsein etabliert, dass sie für die Ausführung die Konzentration des Bewusstseins nicht mehr brauchen. Das nenne ich nützliche Programme, die uns in Alltagsangelegenheiten weiter helfen.

Das mit dem Auto war ein Beispiel, dass wahrscheinlich jeder nachvollziehen kann. Aber laufen wir nicht in vielen anderen Dingen des Lebens auch auf Autopilot? Programme kann man selbst erlernt haben, wie das Autofahren, aber auch von außen eingepflanzt bekommen. So zum Beispiel über die Massenmedien, die Werbungen im Fernsehen, Radio, Plakatwänden, aber auch über Nachrichten (die die Wahrheit nach richten). Damit werden dir Dinge, Wünsche und Meinungen suggeriert, die wahrscheinlich gar nicht deine sind. Aber weil sich das „Werbeprogramm" einpflanzt, wenn du nicht wachsam bist, werden diese früher oder später auch ausgeführt. Du verspürst irgendwann den Drang shoppen zu gehen (weißt auch nicht warum), und schon sind die Dinge von der Plakatwand in deiner Wohnung , deinem Kleiderschrank, u.s.w. und am Ende des Tages, wenn vielleicht ein wacher Moment über dich kommt, fragst du dich: „Warum hab mir das nur gekauft, das brauch ich eigentlich gar nicht?" Und ein paar Wochen später findet sich der „gekaufte Traum" auf www.willhaben wieder.

Wie kann mich jetzt aber vor solchen Programmen von außen schützen? – Indem du wachsam bist, indem du im Moment bist. Denn wenn du dir stets diesen Moment bewusst bist, haben externe Programme keine Chance bei dir anzudocken. Weil du mit beiden Beinen im LEBEN stehst und nicht wie so viele „neben der Spur". Wenn du mit dem LEBEN, dem Moment verbunden bist, weiß deine Intuition von selbst, was du jetzt brauchst und was nicht, das kann dir von außen sowieso nie wer sagen. Dann kannst du, wie Silbermond es so schön singt, mit leichtem Gepäck durchs Leben reisen.

Versuche für dich heraus zu finden, wo du überall auf Autopilot läufst und welche Programme externer Natur sind. Du wirst überrascht sein, wie viele es davon gibt. Aber Erkenntnis ist der erste Schritt zur Veränderung. Und wenn du wach(er) und zufrieden(er) werden willst, ist das eine gute Methode dich mehr ins Jetzt, mehr ins LEBEN zu bringen. Was brauchst du wirklich und was hast du dir aufgrund eines externen Programmes zugelegt? – Viel Spass beim Erforschen.

Flüchtlinge: Was zeigen sie uns?

Hier möchte ich mit Euch meine Gedanken zum Thema Flüchtlinge teilen. Durch die Massen, die in unser Land geströmt sind, machte sich Verunsicherung breit. Wie sollen wir diese Vielzahl an Menschen erhalten, wie können wir in unserem eigenen Land noch sicher sein? Und dann kommt auch noch ein gewisses Maß an Wut und Zorn dazu. Die sollen in ihrem Land bleiben und uns nicht alles wegnehmen! Doch schauen wir mal über diese Verunsicherung und Wut hindurch; was wollen oder sollen sie uns wirklich zeigen?

Sind es nicht unsere verborgenen Ängste und unsere Schattenseiten, die sie uns durch ihre Anwesenheit aufzeigen? Sicher, sie sind zunächst einmal Fremde mit einer fremden Mentalität und einem fremden Kulturverständnis. Aber nur weil sie fremd sind, sind sie deshalb schlechter wie wir? Und ja es ist auch richtig, dass bestimmt nicht alle, die gekommen sind tatsächliche Kriegsflüchtlinge, sondern auch viele Wirtschaftsflüchtlinge dabei sind, die einfach nur deshalb gekommen sind, weil sie sich hier ein besseres Leben erhoffen. Doch man muss sich auch die Frage stellen. Warum sind sie gekommen, und warum jetzt und warum auf einmal so viele? Weil sie von unseren Regierungen eingeladen wurden und von den Amerikanern zusätzlich dazu ermuntert wurden. Es wurden Ihnen Versprechungen gemacht, was sie alles erwartet, wenn sie nach Europa kommen. Da steckt bestimmt auch ein Plan dahinter, aber auf das möchte ich hier nicht näher eingehen. Und die Massenmedien leisten ebenfalls ihren Beitrag dazu die Angst und Verunsicherung zu schüren, indem immer Negativbeispiele berichten werden, wobei selbst da die Wahrheit wahrscheinlich immer etwas in den Nachrichten „nach gerichtet" wird. Positivbespiele hingegen werden nicht berichtet. Zum einen natürlich weil das kontraproduktiv für den größeren Plan wäre und auch die Auflagen nicht steigern würde.

Mir geht es mehr darum zu erkennen, was die Flüchtlinge, da sie nun schon mal da sind, mit uns machen. Und damit meine ich was ihre Anwesenheit mit unseren Gedanken und Emotionen macht. Ich bin der Meinung, dass auch die Flüchtlinge uns einen Spiegel vorhalten, wie jede Situation in unserem Leben, der uns zeigen soll, wo wir noch nicht all unsere Schatten erkannt und aufgelöst haben. Haben wir zum Beispiel Angst, wenn wir in ihrer Gegenwart sind, so ist auch noch etwas in uns, vor dem wir Angst haben, seien es Gedanken, Gefühle oder mangelndes Urvertrauen. Empfinden wir Wut und Zorn, so zeigt sich auch dadurch ein Spiegel, der uns erkennen lassen sollte, welche Situationen wir nicht akzeptieren können oder wollen. Und das Thema der Flüchtlinge ist dabei wie alles im Leben auch nur ein Lebensthema in uns, dass sich hier in einer bestimmten Verpackung zeigt.

Ich für meinen Teil habe zum Beispiel mit Flüchtlingen ein sehr überraschendes Erlebnis gehabt. Ich war bei einem Arzt im Wartezimmer mit ungefähr 15 Stühlen. Das Wartezimmer war voll und kein Sitzplatz mehr frei. Weiters waren im Wartezimmer auch mehrere Flüchtlinge anwesend, die ca. 40% der Sitzplätze einnahmen. Nun kamen weitere Patienten zur Arztanmeldung und wollten danach im Wartezimmer Platz nehmen, doch beim Eintreten ins Wartezimmer sahen sie, dass schon alles voll war. Und nun stand sofort einer der Flüchtlinge auf und bot postwendend seinen Sitzplatz freundlich an. Und so ging das weiter. Beim nächsten Patienten stand der nächste Flüchtling auf und so weiter. Bis schließlich alle Flüchtlinge einen Stehplatz einnahmen. Und es sei auch noch dazu erwähnt, dass sie ihren Sitzplatz nicht nur für alte und/oder gebrechliche Patienten freigaben. Ich muss ehrlich sagen, das hat mich sehr überrascht. Damit hatte ich nicht gerechnet. Von den Einheimischen stand keine Einziger auf und bot seinen Sitzplatz an, mich eingeschlossen.

Was zeigte mir diese Situation: Wir haben Angst die Flüchtlinge kommen und nehmen uns alles weg. Es zeigt in uns die Angst auf etwas hergeben zu müssen, das wir nicht wollen; denn schließlich und endlich mussten wir uns alles schwer erarbeiten und uns sind die Dinge auch nicht in den Schoß gefallen. Aber wir sollten uns auch fragen, was sind wir bereit zu geben (und wenn es nur der Sitzplatz ist). Wie weit ist es in unserem Kulturkreis mit der Nächstenliebe.

Und versuchen wir uns doch einmal in die Situation der Flüchtlinge hinein zu versetzen. Stell dir vor du sitzt in einem Wartezimmer. Alle schauen dich an, mustern dich, murmeln miteinander, aber du verstehst natürlich kein Wort, weißt nicht ob sie über dich murmeln oder einfach nur über anderes. Du kennst die Spielregeln in einem fremden Kulturkreis noch nicht, weißt nicht ob du dich hier richtig verhältst oder nicht. Also ich denke, dass diese Flüchtlinge eigentlich viel mehr Angst und Verunsicherung in sich tragen, als wir. Und ich meine auch in erster Linie sind es Menschen wie du und ich, egal ob Kriegs- oder Wirtschaftsflüchtlinge. Sie haben ihre Heimat verlassen und sind nun in einem fremden Land, indem ihnen an jeder zweiten Ecke das Gefühl entgegenströmt nicht willkommen zu sein. Wie würdest du dich da fühlen.

Und ich möchte auch noch darauf hinweisen, dass das LEBEN ein Tanz von Energien ist und dem, dem wir uns zuwenden, das verstärken wir, dem geben wir mehr Energie und das kann dadurch noch stärker in Erscheinung treten. Gib deine Energie der Liebe hin und Liebe wird sich ausbreiten, gib deine Energie der Angst hin und Angst wird sich ausbreiten, das ist ein universelles Gesetz.

Und wer meine Arbeit schon länger mit verfolgt, der weiß auch, dass die Situation mit den Flüchtlingen jetzt genau so sein muss wie sie ist. Darum meine ich nutze die Situation um zu erkennen, wo du noch Schattenseiten mit dir herum schleppst.

Vielleicht kannst du durch den Flüchtlingsspiegel einige erkennen und dadurch auflösen, was dich mit Sicherheit wieder ein Stück näher zu deinem inneren Frieden finden lässt. Und Frieden in dir bewirkt immer Frieden um dich, auch das ist ein universelles Gesetz. Und wenn du jetzt meinst, es gibt aber sicher friedvolle Menschen in Kriegsgebieten, dann ist das richtig, aber diese Menschen sind auch im Außen friedvoll und erschießen nicht mit Zorn und Groll den nächstbesten.

Nun genug für heute. Ich wünsche dir zum einen viel Erfolg beim Erforschen deiner Schattenseiten und zum anderen friedvolle Erlebnisse mit Menschen, die dir fremd sind.

Ist es sinnvoll den Verstand zu verlieren?

Ist es sinnvoll den Verstand zu verlieren? Eine Frage die bei vielen Menschen zunächst scheinbar ein „Nein" zu fordern scheint. Doch ist es nicht unser Verstand, der uns in Vielen begrenzt und behindert, wenn es um spirituelle Freiheit geht? Ich möchte hier unterscheiden zwischen dem nützlichen und dem unnützen Verstand. Der nützliche, der uns behilflich ist, die alltäglichen Anforderungen zu meistern, und dem unnützen, der uns in die Vergangenheit und in die Zukunft abschweifen lässt, sei es mit Sorgen oder mit Hoffnungen, beides nur Illusionen.

Dass wir einen Verstand besitzen ist prinzipiell etwas Gutes, wenn wir den Verstand gebrauchen und nicht umgekehrt. Den Verstand gebrauchen bedeutet ihn einzusetzen wenn man bei Rot an der Ampel stehen bleibt, oder ein gutes Gericht in der Küche zubereitet, wenn man ihn also für Tätigkeiten im Moment benutzt.

Was bedeutet es aber, wenn der Verstand uns gebraucht, um uns mit seinen Geschichten in unserem Kopf fertig zu machen. Werde ich in Zukunft genügend Geld haben um meine Ausgaben decken zu können, oder hoffentlich bleibt mein Partner ewig bei mir, sonst weiß ich nicht wie es weiter gehen soll, oder was wird passieren, wenn mein Arbeitgeber mich kündigt, werde ich dann wieder eine Arbeit finden, jetzt wo der Arbeitsmarkt sowieso so schlecht ist, oder Gott bewahre wenn der Krieg kommt, dann ist alles aus. All das sind nur Geschichten, die der unnütze Verstand in unserm Kopf entstehen lässt, die nichts mit der Realität zu tun haben, denn Realität geschieht immer und nur JETZT. Und wenn der unnütze Verstand uns nicht Zukunftsszenarien präsentiert, dann eben Erinnerungen aus der Vergangenheit: Ach wie schön es doch früher war, als die Kinder noch zuhause wohnten, oder schade, dass es mit dem Jobangebot nichts geworden ist, denn das wäre bestimmt das Richtige gewesen, oder wenn ich doch damals nur mehr auf meinen Partner eingegangen wäre, dann wäre er oder sie jetzt bestimmt noch bei mir. Auch das sind alles nur Geschichten bzw. Erinnerungen, die unser Verstand produziert. Und diese Erinnerung zeigt uns die vergangene Situation nur in einem bestimmten Blickwinkel, unter einem bestimmten Aspekt, nämlich dem, den der Verstand gewählt hat.

Sei es Erinnerung oder Zukunftsszenario, beide sind nicht real und dienen nur dazu uns aus dem JETZT zu werfen und uns in den Unfrieden zu stürzen. Aber warum macht das der Verstand? Will der Verstand denn nicht zufrieden und in Frieden leben? NEIN will er nicht, weil unser (unnützer) Verstand aus diesen Geschichten seine Nahrung erhält, um daraus wiederum das EGO zu füttern. Hätte er diese Nahrung nicht, könnte er das EGO nicht füttern und das EGO würde über kurz oder lang verschwinden (sterben). Und solange wir mit einem ausgeprägten EGO durchs Leben wandern, das heißt sehr ausgeprägt in einem abgegrenzten ICH-Bezogenheitszustand leben, brauchen wir diesen unnützen Verstand.

Erst wenn du erkennst, dass DU nicht der Verstand sondern weit mehr bist, wirst du die Spielchen des Verstandes auch erkennen können. Dann wirst du erkennen, dass es sich ohne Geschichten (Erinnerungen und Zukunftsszenarien) weit friedvoller und erfüllter lebt als vorher. Dann lohnt es sich den unnützen Verstand zu verlieren, um spirituell frei zu werden und um das zu erkennen was du wirklich bist: Ein Teil des unendlichen Ganzen und das unendliche Ganze zugleich, ein Wesen, dass den Moment in seinem vollen Geschmack auskostet, egal, ob der Moment süß oder bitter schmeckt, beides ist gleich gut (oder schlecht) .

Doch wie schaffe ich es meinen Verstand zu verlieren? Mein Tipp an dieser Stelle wäre die Geschichten, die auftauchen zu untersuchen, welchen Wahrheitsgehalt sie für den jetzigen Moment haben. – Du wirst erkennen: Keinen.

Wenn du das mehrmals versucht hast und immer zum selben Ergebnis kommst, kannst du mit der Zeit die auftauchenden Geschichten einfach ziehen lassen, ohne dich damit zu identifizieren, dann wird der Verstand allmählich aufhören diese Geschichten zu produzieren, da sie nicht fruchten. Und da du mehr mit deiner Aufmerksamkeit im JETZT als bei den Geschichten bleibst, wird der unnütze Verstand mit der Zeit verkümmern und schlussendlich sterben. Dann bist du frei und hast deinen inneren Frieden gefunden.

Ich wünsche dir viel Erfolg beim Verlieren deines Verstandes.

Stille im Außen ist nicht gleich Stille im Innen!

Vielleicht kennst du das. Du lebst in einer hektischen Welt von Sinnesüberreizungen. Du sehnst dich immer öfter nach Ruhe, willst einfach nur weg vom Trubel. Dann versuchst du es zunächst mal so, indem du einen ruhigen Ort aufsuchst, vielleicht hast du es auch schon mit Meditation versucht, wie auch immer, du hast dich in die Stille im Außen begeben. Und obwohl im Außen absolute Stille herrscht, bist du trotzdem nicht ruhig, weil in deinem Inneren immer noch hektischer Betrieb herrscht. Betrieb deiner Gedanken. Das Gedankenkarussell dreht sich weiter und nicht nur das, du hast sogar das Gefühl es dreht sich jetzt noch viel schneller und intensiver als vorher...

„Aber warum ist das so, warum kann ich nicht still werden und warum dreht sich das Gedankenkarussell nun noch schneller?", fragst du dich vielleicht. Und es ist tatsächlich so, das Gedankenkarussell dreht sich wirklich schneller und intensiver. Warum? Weil du dem Gedankenkarussell nun deine ganze Aufmerksamkeit schenkst. Und das worauf wir uns fokussieren, das verstärken wir. Ich habe schon öfters über die 3 Geistesgifte gesprochen: Festhalten, Wegschieben und Unterdrücken. Diese spucken uns auch hier wieder in die Suppe.

Weil unser Geist derart dominiert wird von diesen Geistesgiften, haben wir zunächst keine Chance das Gedankenkarussell zu stoppen. Stell dir vor du stehst wirklich vor einem Karussell und an jeder Position des Karussells sitzt einer deiner Gedanken, die nun in der (äußeren) Stille in deinem Geist an dir vorüber ziehen. Nun sind da sehr schöne Gedanken und Erinnerungen am Karussell, die du gerne anhalten möchtest und manche sind natürlich nicht so schön und machen dir vielleicht sogar Angst. Diese willst du entweder schnell weiterdrehen oder aus dem Karussell entfernen. Doch wie das so ist bei einem Karussell, jede Position kommt immer und immer wieder. Und somit bist du der gefangene Zuschauer dieses Karussells und zwar weil du dich mit diesen Positionen des Karussells identifizierst.

Vor einem wirklichen Karussell am Rummelplatz käme es dir niemals in den Sinn dich mit dem Pferd oder dem Drachen zu identifizieren, der gerade mit dem Karussell vorbei fährt, aber bei deinem Gedankenkarussell ist das genau umgekehrt. Das ist mein schönes Pferd und mein Drache, vor dem ich mich fürchte, u.s.w. Kinder tun sich hier noch wesentlich leichter. Für Kinder sind es eben nur Pferde und Drachen, die vorbei ziehen, das nur im Augenblick des Vorbeiziehen betrachtet wird und dann sofort wieder aus dem Sinn des Kindes entschwindet; weil das Kind das Pferd oder den Drachen nicht bewertet, eingeordnet und etikettiert hat. Doch im Laufe unseres Erwachsenwerdens haben wir leider gelernt das zu tun. Und mit dieser Etikettierung findet auch unmittelbar die Identifizierung statt.

Doch in Wirklichkeit sind das beim Gedankenkarussell eben nur Gedanken, die in der Stille auftauchen und wenn du mit ihnen nichts tust (festhalten, wegschieben oder unterdrücken) auch wieder in der Stille verschwinden. Es sind die Gedanken aus deinem Verstand, weil der Verstand mit Stille nichts anfangen kann. In der absoluten Stille kann sich der Verstand nicht identifizieren, weil nichts zum Identifizieren da ist. Aber genau hier liegt für Dich die große Chance zur Befreiung. Zu diesem Zeitpunkt, wo dein Verstand keinen Anhaltpunkt zu Identifikation hat, genau da öffnet sich für Dich ein Tor zu deinem Innen Selbst, deinem wahren Selbst, das mit der universellen Quelle verbunden ist und weit weit über den Verstand hinausgeht.

Wir im Westen tun uns allerdings schwer in der äußeren Stille auch innerlich wirklich still zu werden, das heißt frei von Gedanken zu werden. Wenn das bei dir auch so ist, bietet sich die Möglichkeit an den Verstand abzulenken, ihn mit Monotonie zu beschäftigen. Eine Möglichkeit dafür sind Bewegungsmeditationen oder Atemmeditationen, wo du deinen Verstand während der Meditation bewusst mit monotonen Dingen beschäftigst. Bei monotonen Dingen steigt der Verstand dann irgendwann aus, weil es ihm zu langweilig wird und dann stehst du vor dem Tor zum inneren Selbst. Und wenn du dann im absoluten Geschehenlassen verweilen kannst, wird sich dein inneres Selbst Dir offenbaren. Eigentlich offenbart es sich ständig, aber du hast bis jetzt durch die Ablenkungen des Verstandes vielleicht verpasst darauf zu achten. Und wenn du durch das Loslassen der Gedanken, mit denen du dich identifizierst, du aber niemals diese Gedanken bist, in diesen Zustand der inneren Stille gelangst, dann kannst du auch den inneren Frieden wahrnehmen, der sich ausbreitet. Und diese Essenz des inneren Friedens ist in jedem von uns immer da, doch zugeschüttet mit unseren 3 Geistesgiften ist dieser innere Frieden nicht mehr in unserem Bewusstsein existent. Doch vertraue mir, er ist da, auch in dir, denn er ist in jedem Lebewesen, jedem Baum, jedem Stein, jeder Blume, jedem Tier und jedem Menschen.

Gedanken zur spirituellen Freiheit

Wenn Dich jemand belächelt, hat er deinen Wert, dein Sein nicht erkannt, lächle einfach zurück!

Anutosho

Unser aller Meister, für den wir alles tun!?

Gibt es für dich jemanden oder etwas, für den oder das du alles tust, auch wenn's oft mühsam und anstrengend und gegen jede Lust ist? Gibt es einen Meister, der über dich herrscht, der der dich veranlasst morgens aufzustehen, noch bevor du eigentlich wirklich wach bist, dann in die Arbeit zu hecheln, obwohl du Lust auf etwas anderes hättest. Heißt dieser Meister vielleicht GELD? – Das muss ich ja alles tun, weil ich brauche das Geld ja um zu überleben! – Ist das wirklich so …?

Wie viele gibt es, die für Geld beinahe alles tun, ja manche morden sogar dafür, ob als Auftragskiller in der „freien Wildbahn", oder als Soldat im „Krieg" (macht eigentlich keinen Unterschied). Ich brauche das Geld, sonst kann ich mein neues Auto nicht bezahlen, mir das eigene Haus nicht leisten, dann kann ich nicht mit der Mode gehen, dann kann ich die Kinderbetreuung nicht bezahlen, die ich aber brauche, weil ich ja arbeiten muss um Geld zu verdienen, und so weiter. Hast du auch solche oder ähnliche Überzeugungen, die es dir rechtfertigen für den Meister fast alles zu tun.

Wenn JA dann solltest du einmal in aller Stille darüber nachdenken. Was braucht es wirklich um zufrieden und erfüllt zu leben. Erfüllt leben heißt nicht sich materiell alles erfüllen zu können, was einem im Hypnoseapparat (Fernseher) alles schmackhaft gemacht wird. Erfüllt zu leben heißt (für mich zumindest) mit dem zufrieden zu sein was man hat und das, was man hat auch noch zu teilen. Erfüllung kannst du nur im Inneren erfahren, nie im Äußeren. Hat es das Leben dir nicht schon oft genug gezeigt? Ein neues Auto, ach was waren wir glücklich. Wie lange? Eine Woche? Einen Monat? Auf jeden Fall nicht für immer. Oder einen neuen Partner gefunden und auf Wolke sieben geschwebt. Nichts kann mich jetzt mehr aufhalten, das waren doch deine Gefühle damals oder? Aber was ist passiert, warum hat das nicht angehalten? Weil das eine Veränderung, eine Befriedigung im Außen war.

Wir benötigen aber die Befriedigung in unserem tiefsten Inneren, um wirklich glücklich und zufrieden zu sein. Und diese innere Befriedigung lässt sich meist mit Geld eben nicht kaufen. Darum ist es ein Druckschluss zu glauben, je mehr Geld jemand besitzt, desto glücklicher muss der wohl sein. Sieh in die Augen eines Reichen oder Prominenten, der rund um die Uhr im Rampenlicht steht – und dann sieh in die Augen eines Bettlers, wenn du ihm ein Lächeln schenkst. Wer kommt dir glücklicher vor? Probiere es aus!

Wenn es aber nicht das Geld ist, das uns wirklich glücklich macht, warum machen wir das Geld dann überhaupt zu unserem Meister? Eine Frage über die es sich lohnt nachzudenken. Erforsche deine Glaubenssätze, warum das Geld für dich den Stellenwert hat, den es hat. Einmal richtig darüber nachgedacht und schon hat der Meister „GELD" schon nicht mehr so eine Macht über dich/uns. Mit dem Verschwinden der Macht des Geldes verschwindet auch der Druck sich für den Meister verbiegen zu müssen, ständig den anderen vorzugaukeln, dass man etwas gerne tut, obwohl das Gegenteil der Fall ist. Wenn es überhaupt einen Meister geben sollte, dann ist das der Meister, der in dir wohnt, deine innere Stimme, auf die solltest du eher hören, denn die meint es langfristig immer gut mit dir. Erforsche für dich selbst, was du wirklich brauchst, worauf es für dich wirklich ankommt, und ich meine wirklich „wirklich". Ich wünsche dir beim Erforschen viel Spass und viele tolle Erkenntnisse und wundere dich nicht, wenn du dich zu guter Letzt über dich selber wunderst, wie lange du den Meister GELD verehren konntest.

Fühlen wir uns sicher, wenn wir frei sind?

Viele von uns kennen das Gefühl frei sein zu wollen. Frei von all den Zwängen des Alltages, nicht in die Arbeit zu müssen, sich nicht an gesellschaftliche Regeln halten zu müssen, sagen zu können was man will ohne Konsequenzen, sich über die Vorstellungen zu erheben, die uns das Leben zur „Hölle" machen. Doch wie wäre es wirklich frei zu sein, ist es tatsächlich das, was die meisten von uns wollen, frei von den Gefängnissen, die wir uns selbst erbaut haben?...

Ich bin mir nicht so sicher, dass uns diese Freiheit wirklich das Gefühl gibt, das wir uns erhofft haben. Stell dir nur mal vor du würdest wirklich keinen Zwängen unterliegen, wärst völlig frei ohne Grenzen. Du wüsstest gar nicht, dass es überhaupt Grenzen gibt. Wäre das ein Spielplatz des Lebens, der dir gefällt? Oder macht er dir vielleicht sogar Angst, weil du eben nicht weißt, wann es unsicher wird? Sind es nicht genau diese Grenzen, die uns ein Gefühl der Sicherheit geben? Innerhalb dieser Grenzen kann ich mich bewegen und ich weiß wie das Spiel innerhalb dieser Grenzen läuft. Alle die innerhalb dieser Grenzen sind wissen das. Wir haben uns diese Grenzen (diese Gefängnisse) selbst aufgebaut, um uns sicher zu fühlen. Wir Menschen sind es gewohnt uns in einem gewissen Korridor zu bewegen. Der Verstand braucht diese Grenzen, die Logik braucht diese Grenzen. Doch unser eigentliches Wesen ist grenzenlos, will frei sein, deshalb entsteht beim Einen früher, beim Anderen später dieses Unbehagen und dieses Bedürfnis frei sein zu wollen. Doch frei sein will gelernt sein, wie man so schön sagt. Zum frei sein gehört Vertrauen ins LEBEN, ein Urvertrauen, dass alles was geschieht richtig ist, auch wenn es sich im ersten Moment nicht so anfühlt. Das LEBEN weiß immer was richtig ist. Wobei „richtig" ist eigentlich auch das falsche Wort. Denn ein „Richtig" schließt ein, dass es auch ein „Falsch" gibt. Also sage ich lieber: ein Urvertrauen, dass alles was geschieht IST.

Dieses Urvertrauen wurde uns aber in der Regel aberzogen, aberzogen durch das Eintrichtern von Glaubenssätzen, in denen wir jetzt gefangen sind, wie zum Beispiel: „Du musst erst was leisten, bevor du dir was gönnen kannst" oder „Man kann nicht einfach sagen was man (das Herz) will, man muss vorher überlegen (der Verstand), dann sprechen" u.s.w.

Das heißt wir müssen uns, um frei zu werden, zunächst von unseren Glaubenssätzen befreien, indem wir dies hinterfragen, ob diese für uns tatsächlich richtig und unumstößlich sind. Noch dazu haben wir j die meisten Glaubenssätze übernommen von Eltern, Lehrern, Freunden, u.s.w. und sie sind nicht mal unsere eigenen, wir haben sie uns nur zu eigen gemacht. Aber schon bei genauerer Betrachtung dieser Glaubenssätze verlieren sie ihre Macht. Und je kleiner unsere Glaubenssätze werden, umso größer wird unser Urvertrauen ins LEBEN, das uns schlussendlich in die Freiheit führt, unser eigentliches LEBEN ohne Zwänge zu leben. Dann haben wir endlich inneren Frieden gefunden, dann sind wir frei.

Versuche also für Dich herauszufinden, was dich daran hindert frei zu sein. Wo sind deine Grenzen? Was sind deine Glaubenssätze? Willst du wirklich frei sein oder fühlst du dich noch wohl innerhalb deiner selbst erbauten Grenzen. Wenn du dich wohl fühlst, dann lass es dabei, wenn nicht dann …

Wie werde ich meine Schattenseiten los?

Wir alle haben sie, unsere Schattenseiten. Die Seiten an uns die wir oft selbst nicht mögen und die wir lieber weg haben wollen. Und für dieses weg haben wollen haben wir Menschen die verschiedensten Strategien entwickelt. Verleugnen, unterdrücken, überspielen u.s.w. Aber woher kommen diese Schattenseiten überhaupt und wozu brauchen wir sie? Brauchen wir sie überhaupt?

Die Schatten sind jene Aspekte in uns, die wir ablehnen. Ihr werdet aber sicherlich auch selbst festgestellt haben, dass es mit diesem Ablehnen nicht getan ist, denn in unserer Außenwelt begegnen wir diesen Schatten immer und immer wieder, bis wir bereit sind und diesen zu stellen bzw. diese näher anzusehen und in uns zu integrieren bzw. aufzulösen. In der Regel sind wir bestrebt unsere Schatten zu bekämpfen und verwenden Energie dafür, diese nicht hochkommen zu lassen. Doch Fakt ist, dass beide Seiten, Licht und Schatten ihre Existenzberechtigung haben. Die Frage ist wie so oft: Wie gehe ich damit um? Und die Lösung heißt auch hier wie so oft: Akzeptanz, Annehmen was ist. Es geht also nicht darum, wie ich meine Schattenseiten loswerden kann, sondern darum, wie ich sie annehmen kann! Wenn wir bereit sind unsere Schattenseiten anzunehmen und anzusehen gelangt automatisch schon mehr Licht zu den Schatten und sie erscheinen schon gar nicht mehr so dunkel wie von uns immer „vermutet". Und je es ist richtig und der Volksmund sagt es ja auch: „Es ist nicht einfach über seinen eigenen Schatten zu springen". Schatten sind von Angst begleitet und darum fürchten wir uns hinzuschauen. Doch derjenige, der den Sprung schafft, schafft den Sprung näher zu sich selbst. Deshalb: Gesegnet seien die Mutigen, denn sie werden Licht ins Dunkel bzw. Energie aus dem Schatten bringen. Doch wie erreiche ich diese Akzeptanz, wie hole ich die Energie aus dem Schatten heraus? Hierzu habe ich einmal eine sehr gute Anleitung gelesen, die ich euch gerne weiter geben möchte:

Man betrachtet beide Aspekte, um die es geht; der eine ist der, den man sich wünscht, das er eintritt; der andere ist der, den man bis jetzt bekämpft hat. Man geht in die Visualisierung des positiven Aspektes, schaut, dass man ins Fühlen kommt; so dass man es richtig spürt. Dann geht man in die Visualisierung des negativen Aspektes und macht das genauso; ihn fühlen. Spüre diese Emotion, halte sie aus, atme sie Stück für Stück aus. Wechsle wieder zum positiven Aspekt, fühle, atme ihn ein. Wechsle wieder und wieder. Du wirst sehen, dass Du in Bezug auf den negativen Aspekt immer neutraler wirst. Das ist, weil Du Deine Energie da rausgeholt hast und es Deine eigene Schwingung erhöht. So erreichst Du die Akzeptanz, ohne in einer Ablehnung zu verbleiben.

Wo immer wir im Innern in Disharmonie und Kampf sind; es wird sich in unserer äußeren Welt manifestieren und wir werden versuchen, es zu bekämpfen, weil wir es in uns nicht wahrnehmen wollen. Die negativen Seiten haben auf gewisse Art und Weise ihren Sinn und ihre Berechtigung, sonst würden sie sich nicht manifestieren können, auch wenn wir nicht immer bei Allem den Sinn verstehen können. Alles hat in seiner Manifestation Gültigkeit. So haben wir die Wahl, alles zu bekämpfen, oder aber anzunehmen und in uns aufzulösen.

Die Schatten sind es, die uns wachsen lassen, die uns die Chance geben in den inneren Frieden zu kommen. Daher verleugne deine Schatten nicht sondern heiße sie willkommen.

Hass: Ich hasse jemanden oder etwas! Aber was steckt dahinter?

Kennst du das Gefühl jemanden zu hassen? Ein Gefühl extremer Abneigung und Ablehnung gegenüber einem anderen Menschen oder einer Institution? Hass entsteht meist aufgrund einer tiefen seelischen Verletzung, wie etwa einer Trennung oder Verlusterfahrung, der man glaubt ausgeliefert zu sein und gegen die man glaubt, sich nicht wehren zu können. Man fühlt sich also total hilflos und ohnmächtig und gleichzeitig tief verletzt oder angegriffen. Doch was steckt hinter diesem Hass? Woher kommt er und warum empfinde ich ihn? ...

Ich selbst hatte schon das eine oder andere Mal ein Gefühl von Hass. In jungen Jahren öfter und vermehrt. Ich trug ihn oft jahrelang mit mir herum und immer wenn ich darüber sprach, was mir ohnehin schwer genug fiel, spürte ich ihn ganz intensiv, auch wenn der Auslöser eben schon Jahre zurück lag. Und irgendwann fragte ich mich: Warum ist das so, warum hat der Hass eine solche Macht?

Erst nach genauerer Betrachtung war es dann nicht der Hass auf Jemanden, sondern der Hass auf die Geschichte, die ich zu dem Jemanden hatte oder mit dem Jemanden in Verbindung brachte. Und dann kam mir, dass es eigentlich wiederum nicht der Hass auf die Geschichte war, sondern der Hass auf mich selbst, dass ich an dieser Geschichte fest hielt. Hass steht auch oft in Verbindung mit Enttäuschung, und das heißt ja wiederum, dass man ent-täuscht wurde, es war also das Ende einer Täuschung - und wenn du das annehmen kannst, gibt es keinen Hass mehr, sondern Erlösung von der Geschichte. Denn es ist das Ende der Täuschung, das Ende der Geschichte. – Ach, wie befreiend!

Wenn wir hassen, dann geben wir uns "gute" Gründe für den Hass. Wir sehen den anderen als eine Bedrohung für uns an. Die Hassgedanken nehmen gewöhnlich sehr viel Raum in unserem Alltag ein. Hass wird meist von dem Wunsch begleitet, dem anderen zu schaden und sich zu „rächen". Häufig mündet der Hass deshalb in aggressivem Verhalten. Und Hass macht blind. Wer hasserfüllt ist, der ist gegenüber vernünftigen Argumenten oder positiven Eigenschaften desjenigen, auf den sich der Hass bezieht, blind. Wenn wir hassen, dann hat das sehr negative Auswirkungen auf unser emotionales Befinden und unseren Körper. Wir sind angespannt, chronisch gereizt und feindselig, haben Schlafstörungen, sind unkonzentriert, finden keinen inneren Frieden.

Erst wenn du die Geschichte (deine Geschichte) dahinter erkennen kannst, wirst du feststellen, dass es immer ein Hass gegen dich selbst ist, weil du an „deiner Geschichte" fest hälst und nicht loslassen kannst. Aber sobald du das erkennst, wird sich Klarheit einstellen und vielleicht kannst du sogar ein wenig schmunzeln über den Irrweg, den du jahrelang gegangen bist. An diesem Punkt wirst du in der Lage sein zu verzeihen – nicht dem Hassobjekt, sondern dir selbst. Und zum Verzeihen sein noch erwähnt: Verzeihen kannst du sowieso immer nur dir selbst und nie jemand anderen; weil du dir beim Verzeihen deine Konzepte, deine Gedanken, deine Geschichten verzeihst, du verzeihst dir, dass du solange daran festgehalten hast, und kannst zum Zeitpunkt des Verzeihens loslassen.

Aber zurück zum Hass. Wenn du diese Essenz des Hasses einmal erkannt hast, dann kann Hass sich in deiner Realität auch nicht mehr zeigen. Warum? Weil du für jedes Hassobjekt dankbar sein wirst, weil es dich auf eine „deiner Geschichten" hinweist, die du, wenn du hinschaust, erlösen kannst. Und jede erlöste Geschichte bringt dich näher zum inneren Frieden!

Es gibt ein Zitat von Kierkegaard: „Der Hass ist die Liebe, an der man gescheitert ist." Ich würde das noch erweitern in „Der Hass ist die Eigenliebe, an der man gescheitert ist."

Angst und Schmerz – Was für ein wertvoller Schatz

Es liegt wohl in unserer Natur des Menschen, dass wir danach streben einen Schmerz, sei dieser physisch oder emotional, aufzulösen und uns von ihm zu befreien. Aber müssen wir die Ursache kennen und verstehen, um ihn überhaupt erst auflösen zu können. Viele sind der Meinung ja, denn erst wenn die Ursache erkannt wird, kann der Schmerz, der eine Folge der Ursache zu sein scheint aufgelöst werden. Ich sehe das ein wenig anders.

Unser Verstand hat gelernt alles zu analysieren. Und so gehen wir auch mit Schmerz um. Wenn ich die Ursache nicht kenne, kann ich den Schmerz nicht bekämpfen. Und darin liegt schon die erste Falle: Im Kampf. Jeder Kampf erzeugt weiteres Leid. Der Schlüssel ist meiner Meinung auch hier die Liebe und die Hingabe.

Wie jedes Empfinden in uns, zum Beispiel Freude oder Glück, ist auch der Schmerz eine Energieform. Doch ist im Gegensatz zu schönen Gefühlen der Schmerz zumeist auch von einer Angst begleitet. Und Angst kommt ja schon sprachlich von „Enge", das heißt es handelt sich um eine Energie, die in uns Enge verursacht. Aber nichts desto trotz ist es eine Energie. Und wir können uns dieser Energie ausliefern als Opfer, die wir ablehnen und den Schmerz unterdrücken (bekämpfen), entweder gedanklich oder mit Medikamenten, oder wir nehmen diese Energie an zur Veränderung. Denn jeder Schmerz ist ein Hinweis in unserem System, dass eine Veränderung ansteht, dass in unserem System etwas nicht passt. Unter diesem Aspekt kann jeder Schmerz liebevoll willkommen geheißen werden, denn er gibt uns den Anstoß für Veränderungen. Und wenn wir im Fluss bleiben und uns nicht gegen den Schmerz wehren, sondern den wertvollen Schatz

dahinter sehen, dann können aus dem Schmerz befreit hervorge-
hen, wie Phönix aus der Asche.

Bei kleinen Schmerzen können wir das noch eher annehmen,
als bei großen, aber dennoch bleibt es das Gleiche. Ja, wir werden bei akuten Schmerzen zunächst natürlich versuchen, die
Akutphase zu überstehen, aber unmittelbar danach geht es darum, was wir mit diesem Schatz machen. Vergraben wir ihn wieder, sperren wir ihn wieder ein, oder nutzen wir diesen Energie-
anstieg, diesen Schatz. Nimm die Angst hinter dem Schmerz bildlich liebevoll in die Hand und betrachte sie. Welche Geschichte
erzählt dir diese Angst? Vielleicht sind es sogar mehrere Geschichten. Hör dir die ganzen Geschichten an mit allen Aus-
schweifungen. Und wenn du diese Geschichten lächerlich finden
kannst, dann lache ganz laut und sieh zu wie diese Angst in der
Hand immer kleiner und kleiner wird, bis sie schlussendlich verschwindet. Dann hast du diese Angst, die nur in deinem Kopf ent-
stand, transformiert. Denn Angst ist nie real, sondern immer nur
eine Falle in unserem Verstand, die uns lähmt uns weiter zu entwickeln. Und jede transformierte Angst legt Potentiale in uns frei,
die wir von nun an leben können und dadurch mehr wir selbst
sind.

Tust du das aber nicht und vergräbst den Schatz, dann wird
sich diese Angst mit Sicherheit wieder zeigen, denn das LEBEN ist
gnädig und gibt dir unendlich viele Chancen. Vielleicht in gleicher,
vielleicht in anderer Form, aber die Angst wird dich nicht loslassen – bis du sie loslässt. Willst du frei sein, musst du das Gefängnis der Angst loslassen.

Wovor hast Du Angst?

Bei sehr vielen Menschen ist es so, dass die Angst mehrere Bereiche ihres Lebens bewusst oder unbewusst bestimmt. Ist das bei dir auch so? Hast du auch Angst vor gewissen Situationen im Leben? Angst in finanzielle Not zu geraten, Angst den Partner zu verlieren, Angst den Arbeitsplatz zu verlieren, Angst vor Ausländern, Angst vor Krieg, Angst vor einem Einbruch, Angst krank zu werden, Angst vor… Doch was steht hinter dieser Angst und warum beherrscht sie einen so sehr? Die Angst versetzt uns in die Starre und raubt uns jede Energie, somit sind wir im Angstzustand machtlos. Doch was bringt uns in die Angst und wie real ist sie wirklich? Hast du dich das schon mal gefragt?

Gehen wir der Sache (der Angst) mal auf den Grund. Wo entsteht die Angst? – In deinem Kopf oder genauer gesagt in deinem Geist, in deinen Gedanken. Meist sind diese Gedanken auf die Zukunft ausgerichtet, was alles eintreten könnte, wovor du dich fürchten kannst. Doch Fakt ist, die Zukunft ist nicht real, denn es existiert nur der gegenwärtige Moment. Die Zukunft existiert nur in deinem Kopf, deinem Geist. Und somit ist auch die Angst vor dieser Zukunft nicht real, sondern sie herrscht ausschließlich in deinem Kopf vor. Und da dich diese Angst lähmt, bist du auch für diesen gegenwärtigen Moment gelähmt, für die eigentliche Realität, für das LEBEN selbst gelähmt.

Und was passiert noch wenn wir in der Angst leben? Wir haben keinen Zugang zu uns selbst, unserer wahren Wesensnatur, somit bleibt uns nur mehr die Anhaftung im Außen. Wir suchen Rat und Tat im Außen anstatt in uns selbst. Und meist ist dann der erstbeste Rat, der unsere Angst lindert oder gar verschwinden lässt sehr willkommen, und selbst wenn die Angst nur für eine Weile von uns weicht (oder genauer gesagt aus unserem

Kopf weicht). Doch so ein Rat von außen ist nie ein Angstlöser von Dauer, maximal ein Angstverzögerer oder Angstdämpfer, da wir das Wesen der Angst dadurch noch nicht erkannt haben. Und wie viele Ängste tragen wir mit uns herum, oft schon ein Leben lang, die bis heute noch nie eingetreten sind und trotzdem können wir uns nicht von diesen Ängsten lösen. Warum nicht? Weil in der Angst das EGO die Kontrolle über dich hat und das Ego wird den Teufel tun, diese Kontrolle abzugeben, denn wenn das Ego keine Kontrolle mehr hat, stirbt es und übrig bleibt deine wahre Wesensnatur. - Ach wie schön wäre das. Und dann ist da auch noch das Resonanzgesetz. In der Angst bist du mit deiner Energie auf die Angst fokussiert, ob bewusst oder unbewusst ist dabei egal. Und das worauf wir unsere Energie richten, ziehen wir an.

So, nun befinden wir uns aber in einem Teufelskreis, oder? Wenn wir Angst haben, habe ich keine Kontrolle und wenn ich keine Kontrolle habe, kann ich mich von der Angst nicht lösen und die Angst verstärkt sich und neue Ängste kommen hinzu.

Doch das kann doch kein befreites Leben sein, oder? Natürlich nicht. Aber wie kommst du nun aus dieser Angstlähmung heraus?

Indem du bewusst eine Umkehr in deinem Denken herbeiführst. Schau dir deine Ängste mal genauer an. Welche davon sind bis dato tatsächlich eingetreten? Und wenn sie eingetreten sind, war es dann tatsächlich so schlimm wie in der Vorstellung der Angst? Beobachte deine Ängste ganz genau, woher kommen sie, sind es überhaupt wirklich deine, oder wurden dir vielleicht einige deiner Ängste einfach eingeredet (von Medien, Familie, Freunden, Ärzten, Politikern, etc.)? Versuche Licht ins Dunkel der Angst zu bringen und du wirst merken, sie wird ganz klein oder verschwindet sogar. Und nun das Wichtigste: Lebe außerhalb der Angst, also außerhalb der Zukunftsvorstellungen, also im JETZT. Welche Angst ist jetzt wirklich real, in diesem Moment? Nicht morgen oder übermorgen, - JETZT! Je mehr du dich mit deinen Ängsten auseinandersetzt, desto mehr werden sie verschwinden, weil du ihnen die Energie des Unrealen entziehst. Und diese zurückgewonnene Energie wirst du dann ganz automatisch für dich nutzen, um aus der Lähmung zu kommen. Und wenn du aus der Lähmung der Angst raus kommst, öffnet sich das Tor zu deinem Selbst. Dann steht einem Leben im inneren Frieden nichts mehr im Wege. Du findest dann zurück zu deiner Urkraft, lebst ein erwachtes, bewusstes Leben. Es ist Zeit, dass wir in unsere wahre Wesensnatur kommen und uns nicht mehr von der Gesellschaft in Angst und Schrecken versetzen lassen, denn unsere wahre Wesensnatur tief in uns drinnen ist es, was gelebt werden will und nichts anderes. Also wach auf und mach dich frei.

Ich wünsche dir viel Erfolg beim Erkennen, dass jede Angst immer nur die Macht hat, die du ihr gibst?

Bist du schnell enttäuscht?

Es gibt ja viele Möglichkeiten wie und durch was man enttäuscht werden kann. In der Liebe, im Job, von den Eltern, von den Freunden, von der Gesellschaft, von der Politik, von den eigenen Kindern. Das lässt sich wahrscheinlich noch endlos forstsetzen. Doch was bedeutet es, wenn du dich enttäuscht fühlst? Und bist du eher schnell enttäuscht oder braucht es schon eine dicke Packung, bis es bei dir soweit ist?...

Schon im Wort Enttäuschung steckt ja der eigentliche Kern. Es ist das Ende einer Täuschung. Das heißt wir müssten uns eigentlich befreit fühlen, weil uns die Wahrheit offenbart wurde, aber trotzdem fühlen wir uns nicht frei, sondern ganz im Gegenteil. Wir fühlen uns mies. Und der Grund für dieses Mies-Fühlen liegt darin, dass wir uns nicht der neuen Wahrheit erschließen wollen (zumindest vorerst), sondern wir halten zuerst mal an unserem bisherigen Weltbild, unseren Vorstellungen fest, und da die nun offenbarte Wahrheit nicht mit diesen übereinstimmt, fühlen wir uns mies. Doch eigentlich zeigt uns jede Enttäuschung nur auf, dass wir bis jetzt „auf dem falschen Dampfer" waren und die Erkenntnis der Enttäuschung bietet uns die Möglichkeit den falschen Dampfer zu verlassen. Enttäuschung ist immer unmittelbar mit Wahrheitserkennung gekoppelt!

Doch wie leicht dir das fällt, den falschen Dampfer zu verlassen, hängt wiederum davon ab, wie stark dein Ego ausgeprägt ist, denn ein starkes Ego will immer Recht haben, soll heißen, das Ego will nicht wahrhaben am falschen Dampfer unterwegs zu sein. Anstatt zu akzeptieren und los zulassen passiert nun folgendes: Krampfhaft wird das falsche Bild, das man vor der Enttäuschung offenbar hatte, versucht zu verteidigen. Man will den anderen zur Umkehr bewegen, sein Verhalten wieder dem falschen

Bild anzupassen, doch dass das nicht funktioniert haben wir auch schon oft genug schmerzlich erfahren müssen.

Was also bleibt ist die Enttäuschung nicht als Problem, sondern als Chance wahrzunehmen. Wenn dir das gelingt kannst du unmittelbar mit jeder Enttäuschung, die dir widerfährt, reifen. Denn eines ist auch klar. Die meisten Anschauungen und Vorstellungen, die wir haben entsprechen nicht der eigentlichen Wahrheit, sondern lediglich unseren Konzepten in unserem Kopf. Schon im Wort Vorstellung steckt die Botschaft dahinter, dass sich etwas vor die Wahrheit stellt. Erst wenn du dich frei machen kannst von deinen alt eingesessenen Anschauungen und Vorstellungen, also von deinen Konzepten, wirst du frei sein. Und jede Enttäuschung ist dabei eine willkommene, denn sie zeigt dir diese Konzepte in deinem Kopf auf. Denn nichts ist so wie es scheint.

Du kannst dich also selbst enttäuschen oder warten bis es andere tun. Doch die Selbst-Ent-Täuschung ist die schonendere Variante, das ist dir sicher auch klar. Also möchte ich dich ermutigen dir deine Konzepte näher anzuschauen. Woran glaubst du in Bezug auf Liebe, Job, Freunden, Gesellschaft, Politik, den eigenen Kindern u.s.w.? Mach dir das einmal bewusst, schreib es dir auf, beschreibe deine Vorstellungen so genau wie möglich. Und dann, eventuell einen Tag danach, schau es dir an. Ist das wirklich wahr oder ist das nur ein Wunschdenken von dir? Lass dich wirklich ganz auf diese Frage ein. Frage dich nicht nur im Gedanken, sondern frage dich auch mit deinem Gefühl. Welches Gefühl vermittelt dir diese Vorstellung (dieses Wunschdenken)? Beginne zunächst mal mit nicht so tragischen Dingen, damit auch dieser Prozess der Selbst-Ent-Täuschung in dir reifen kann. Und du wirst sehen, wie du mit jeder Enttäuschung freier wirst, weil du nicht mehr an den Vorstellungen festhalten musst, weil du dann frei bist für alle Möglichkeiten, die das Leben bietet. Und jede Möglichkeit ist eine gute, wenn du sie ohne Vorstellung betrachten kannst. Dann bist du auf den Weg zu Freiheit und zu inneren Frieden.

Ich wünsche dir also viele Enttäuschungen. Denn nicht das LEBEN enttäuscht uns, sondern unser Glaube an falsche Wirklichkeiten.

Die Kraft im nicht Recht haben müssen

Du kennst bestimmt auch solche Menschen, die immer um jeden Preis Recht haben müssen, oder vielleicht bist ja ein Stück weit sogar selbst so ein Mensch. Diese Menschen handeln so, weil dass ihre Programmierung, eines ihrer Lebenskonzepte ist. Sie fühlen sich unterlegen, wenn sie nicht Recht haben und umgekehrt überlegen, oder zumindest befriedigt, wenn sie Recht haben oder zumindest Recht bekommen. Auf jeden Fall ist es ein Verhalten, dass sich auf uns energetisch auswirkt...

Tatsache ist ja, dass sich die Position „Recht haben zu wollen" auf eine bestimmte Vorstellung ausrichtet, wie es denn zu sein hat. Und zwar so und nicht anders. Denn Tatsache ist ja auch, dass es so etwas wie Recht und Unrecht eigentlich gar nicht gibt, sondern nur die Gleichwertigkeit im Sinne des universellen Ganzen. Deine Vorstellung stellt immer nur eine gewisse Ausprägung einer Situation dar, die neutral betrachtet weder gut noch schlecht ist. So, und sobald man in eine Diskussion mit jemanden tritt und diese eigene Vorstellung als Recht verteidigen muss, geht der Energiekampf los. Stell dir mal vor du wärst in einer solchen Situation. Was würde das mit deinem Energiesystem machen? Es wird sich Verkrampfung einstellen, in Sekundenschnelle laufen im Kopf Szenarien ab, was passieren könnte, wenn du nicht Recht behaltest, dein Immunsystem wird schwächer und in deiner Aura wird sich Starre einstellen. Also eigentlich alles Symptome, die alles andere als ein freies, friedvollen Leben widerspiegeln.

Und nun stell dir mal vor du wärst frei von dieser Programmierung, dieses Konzeptes Recht haben zu müssen und gehst (nur mal so zum Spaß) in die Vorstellung du würdest das Lebenskonzept des „NICHT Recht haben müssen" leben. Wie würde sich das anfühlen? Wäre das nicht viel befreiter? Es würde sich jede Verkrampfung lösen, dein Geist wäre offen für alle Möglichkeiten, auch für solche die du dir im ersten Moment vielleicht gar nicht vorstellen kannst, dein Immunsystem wäre ausgeglichen und deine Aura wäre hell und würde sich ausweiten. Lass dich wirklich für einen Moment ganz auf diese neue Vorstellung ein und lass es wirken. Such dir vielleicht eine Situation aus, in der du in jüngster Vergangenheit auf dein Recht gepocht hast. Wenn du Meditationserfahrung hast, kannst du mit dieser neuen Vorstellung des NICHT Rechthabenwollens bezogen auf diese jüngste Situation in eine Meditation gehen.

Kannst du die Kraft spüren, die in der Umkehr des üblichen Konzeptes „Recht haben müssen" in „Nicht Recht haben müssen" verborgen liegt. Erstens fühlst du dich unendlicher freier, zweitens bist du offen für neue Möglichkeiten, die dein Leben bereichern können und werden, denn das LEBEN spricht ständig mit dir, du musst nur lernen zuzuhören und wirklich zuhören kannst du nur, wenn du nicht in deinen Konzepten gefangen bist.

Sei dir bewusst, dass Rechthaben zu wollen nur ein Konzept deines Verstandes ist, und wenn du dieses Recht nicht bekommst, bist du der einzige, der dich dafür verurteilt, kein anderer tut das. Sei also gut zu dir und hör auf dich selbst zu verurteilen, lass das Konzept des Rechthabenwollens fallen und genieße die damit neu gewonnene Freiheit und Offenheit.

Warum Alleinsein wichtig ist

Bist du oft alleine und vor allem bist du es gerne oder fühlst du dich einsam, wenn du alleine bist? Nicht jeder kommt mit dem Alleinsein zurecht. Viele verbinden es mit Einsamkeit, dabei ist es eine wundervolle Stärke. Eigentlich sind wir alle von Natur aus alleine. Wir kommen alleine auf die Welt, wir sterben alleine und nur wir alleine können unser eigenes Leben leben. Niemand kann unsere Entscheidungen abnehmen, niemand kann sagen, was für uns richtig ist…

Sich dessen bewusst zu sein ist ein großes Geschenk. Wenn du mit dir alleine sein kannst, bist du dir selbst dein bester Freund und Ratgeber. Vielleicht liebst du es ja in Gesellschaft zu sein, mit Freunden unterwegs zu sein, Ausflüge zu unternehmen, zu quatschen oder mit ihnen im Café zu sitzen. Ich meine damit nicht, dass du diese Seite meiden sollst, aber Alleinsein ist ein Zustand, der – wenn wir ihn erst einmal zulassen – sehr erfüllend sein kann. Es scheint, als ob wir so viel Zeit damit verbringen unseren Tag mit Aktivitäten zu füllen, dass die Zeit zum Abschalten und runter kommen und alleine sein selten geworden ist. Manche Menschen fühlen sich schuldig wenn sie allein sind, andere mögen es nicht allein zu sein und einige denken, alleine zu sein ist das gleiche wie einsam zu sein. Doch allein zu sein ist für unser persönliches Wachstum und die Entwicklung notwendig.

Allein sein und einsam sein sind zwei verschiedene Dinge. Allein sein ist etwas, mit dem wir unsere Seele tanken und unser Leben aufladen, während einsam zu sein bedeutet, ein Leben zu leben, dass uns von anderen trennt. Das eine kümmert sich um persönliches Wachstum, das andere hält uns fest.

Alleinsein mit dir selbst bietet dir eine Fülle von Möglichkeiten:

- Wenn Du alleine bist, hast du endlich Zeit für dich. Es gibt keine Ablenkung durch Freunde, Familie oder Partner, sondern du musst dich in deinen Gedanken ganz mit dir alleine beschäftigen. In dieser Zeit kommen die besten Ideen!

- Bist du in deinem Alltagstrott gefangen? Immer im gleichen, gewohnten Umfeld? Irgendwie sind wir doch alle darin gefangen. Wir lassen uns lenken von all den Dingen, die um uns herum geschehen. Lassen uns in unseren Entscheidungen beeinflussen, wenn auch unbewusst und entscheiden oft nicht alleine. Aber was wäre, wenn das gewohnte Umfeld nicht da wäre? Wenn du alles aus deiner Komfortzone ausblendest, kein Status existiert und auch kein Wunsch da ist zu funktionieren? Was passiert, wenn du dich in der Umgebung nicht auskennst? Und alles fremd und unbekannt um dich herum ist? Dann stehst du alleine da. Ganz alleine und nur mit dir selbst. Jetzt kannst nur du bestimmen und es geht um deine eigenen Bedürfnisse.

- Allein sein stellt Prioritäten her. Es ist wichtig immerzu abzuwägen was uns wichtig ist. Der beste Weg um uns selbst kennenzulernen und zu wissen was uns am wichtigsten ist: Zeit allein verbringen. Ohne die konkurrierenden Prioritäten von allen um uns herum können wir echt uns selbst gegenüber sein und unserer wahren Leidenschaft.

- Mit sich alleine sein zu können, macht dich auf Dauer stärker und selbstsicherer. Du traust dir immer mehr zu und bist stolz auf dich. Du wirst lernen, dich ganz auf dich zu verlassen und du wächst an deinen Aufgaben.

- In der heutigen Zeit sind wir alle rund um die Uhr abgelenkt und es bleibt selten Zeit, sich auf Dinge zu konzentrieren. Dinge, für die wir uns bewusst Zeit nehmen, wie zum Beispiel spazieren gehen oder einfach mal ein Buch lesen. Alleinsein ist auch, sich in sich selbst auszuruhen. Meine Entscheidung die Sana Santi Homepage zu starten, kam als ich alleine war – ohne Ablenkungen.

- Allein sein stärkt Beziehungen. Ob du es glaubst oder nicht, Zeit allein zu verbringen bekräftigt und stärkt die Beziehungen mit den Menschen, die uns am wichtigsten sind. Haben wir die Zeit uns selbst zu verstehen und wertzuschätzen, sind wir fähiger andere zu verstehen und zu schätzen.

- Alleinsein dient auch der Regeneration, man kann Dinge innerlich klären. In vielen Kulturen ist der Rückzug ein wichtiger Prozess

Und Alleinsein hat noch einen weiteren Vorteil. Es schärft deine Achtsamkeit, da deine Sinne nicht von anderen Menschen abgelenkt werden und du so mehr von deiner Umgebung wahrnehmen kannst. Und da du beim Alleinsein natürlich nur mit dir bist, schärft es nicht nur deine Achtsamkeit für äußere Dinge, sondern vor allem auch deine Achtsamkeit für dein Innenleben. Dir wird im Alleinsein-Modus eher bewusst, welche Gedanken auftauchen, welche Gefühle und Emotionen sich damit verbinden und wie du darauf reagiert, das heißt du kannst dich alleine besser selbst beobachten. Erlaube dir selbst das, was um dich herum und in dir geschieht ohne Urteil zu beobachten und zu verarbeiten. Dann gewinnst du wichtige Einsichten und wertvolle Informationen, die dir, beim Verständnis deiner Bedürfnisse und dem was du willst, helfen. Es gibt keinen besseren Weg um runter zu kommen und achtsamer der Welt um dich herum zu werden, als den, einige Zeit alleine zu verbringen. Und es ist der beste Weg zu dir selbst. Denn wenn du mit dir sein kannst, bist du nie mehr einsam. Dazu passend ein Zitat von Jiddu Krishnamurti „Alleinsein kann es erst geben, wenn die Einsamkeit aufgehört hat."

Das Abenteuer des Geschehenlassens

Meist sind wir damit beschäftigt unseren Alltag zu planen. Das beginnt schon am Morgen, dass man mit dem Wecker aufsteht, dann planmäßig zum Frühstück, dann zur Bahn oder mit dem Auto zur Arbeit, dort ist auch der ganze Tag mit Terminen verplant, sodass man eigentlich schon am Vortag sagen könnte, wie der nächste Tag ablaufen wird. So leben wir eine Daseinsweise des geplanten Handeln und Tuns. Das dabei nichts Aufregendes passiert scheint fast schon klar zu sein, denn die einzige Überraschung, die uns dabei widerfahren kann ist wenn etwas unseren Plan durchkreuzt.

In dieser Daseinsweise sind wir jedoch mehr Maschine als Mensch. Wir meinen dann sogar noch, wir haben das Leben im Griff. Doch in Wirklichkeit geht das LEBEN an uns vorbei. Und zwar deshalb, weil wir mit jedem Plan gegen das LEBEN leben. Denn das LEBEN gestaltet sich von ganz alleine zu unserem Besten, wenn wir es nur lassen. Doch dafür ist eine Daseinsweise des Geschehenlassens notwendig. Das bedeutet eben nicht auf Punkt und Beistrich vorauszuplanen.

Es ist natürlich schon klar, dass wir uns in der Gesellschaft nach bestimmten Regeln richten müssen, wenn wir zum Beispiel einer geregelten Arbeit nachgehen, ist es eben die Regel zu einer bestimmten Zeit an einem bestimmten Ort zu sein. Dagegen ist ja auch nichts einzuwenden. Aber planen wir nicht mehr als eigentlich notwendig ist? Oft planen wir einen kommenden Termin so im Detail, dass wir dem LEBEN jeden Spielraum nehmen. Und das ist wörtlich gemeint, wir nehmen dem SPIEL des Lebens den RAUM, den Raum sich zu entfalten. Tun wir das nämlich nicht und lassen den kommenden Termin einfach auf uns zukommen, und schaffen es dann während des Termins auch noch wertfrei offen zu sein für das was kommt, würdest du oft überrascht sein, was sich so alles entwickeln (oder besser gesagt entfalten) kann. Dinge, die du nie voraus planen hättest können.

Wenn es dir gelingt solch eine Daseinsweise zu leben, wirst du erstaunt sein, wie unkompliziert das Leben doch ist und wie zufrieden du mit der Zeit wirst.

Doch wir sind von klein an dazu erzogen worden, wie Maschinen zu leben, sodass es uns heute meist schwer fällt in die Daseinsweise des Geschehenlassens zurück zu finden, denn eigentlich ist das unsere natürliche Daseinsweise. Doch wenn du Angst davor hast ins „kalte Wasser" zu springen, dass übrigens nur in deiner Vorstellung kalt ist, dann kannst du dich ja schrittweise an diese Daseinsweise heran nähern, indem du es zunächst mit kleinen, unbedeutenden Dingen versuchst, und dabei die Erfahrung machen kannst, welche Abenteuer im Geschehenlassen stecken.

So kannst du zum Beispiel am Wochenende mal ohne Uhr, ohne Handy einfach losziehen um zu sehen, was das LEBEN für dich so bereithält. Sei dabei ganz offen, ohne jede Vorstellung und voller Neugier wie ein Kind. Lass dich treiben. Steig in einen Zug und folge deinen Impulsen. Steig aus, wenn du den Impuls verspürst und geh mit geschärften Sinnen drauf los. Hab Vertrauen ins Leben, sprich einfach wildfremde Leute an, bei denen du ein gutes Gefühl hast, wenn du z.B wieder auf einen Bus wartest, oder irgendwo in der Warteschlange stehst, oder auch wenn du auf einer Parkbank sitzt.

Solche Experimente helfen dir Vertrauen in die Daseinsweise des Geschehenlassens zu bekommen, und so kannst du mehr und mehr diese Daseinsweise in DEIN Leben übernehmen. Bis schlussendlich nicht du das Leben im Griff hast, sondern das Leben dich, erst dann bist du frei und in der Lage tiefen inneren Frieden zu erfahren. Dann bist du frei von Ver- und Beurteilungen. Erst dann hat der Ausspruch „Das Leben in vollen Zügen genießen" seine wahre Bedeutung gefunden.

Ich möchte dich ermutigen das Abenteuer des Geschehenlassens auszuprobieren und in weiter Folge auszukosten. Du wirst es mit Sicherheit nicht bereuen.

Tun oder nicht tun?

Tun oder nicht tun, das ist hier die Frage? Wenn du dich auf dem spirituellen Weg befindest, hast du dich bestimmt auch schon oft gefragt, was du tun kannst, um spiritueller zu werden, um nicht mehr so gefangen zu sein in der Ichhaftigkeit, um endlich den inneren Frieden zu finden, nachdem du schon so lange suchst? Welche Praktiken, welche Methoden, können dir helfen um endlich ans Ziel zu kommen? Und vielleicht scheinst du mit der Zeit das Gefühl zu haben, je mehr du tust, umso weiter entfernst du dich von diesem Ziel....

Der Kopf sagt tun, tun, tun, doch das Gefühl der Entfernung scheint immer stärker zu werden. Und wie so oft kannst du dich mehr auf dein Gefühl als auf deinen Verstand verlassen. Es ist auch hier so. Die Lösung liegt nicht im Tun, sondern im Nichttun. Ja, den letztendlichen inneren Frieden wirst du Erreichen, wenn du alles Tun aufgibst und dich hingibst, hingibst dem Geschehenlassen. Wir haben es aber nun mal nicht anders gelernt. Jedes Tun hat, ja muss sogar ein bestimmtes Ergebnis zur Folge haben, ansonsten ist ja das Tun unsinnig. Ist es so?

Solange du mit dem Kopf bei der Sache, beim Tun bist, wird dich das nicht zum Ziel führen. Erst wenn du bereit bist dich hinzugeben und offen zu sein, für das was kommen wird, bist du bereit für den Reichtum des Lebens, bereit für die Schätze, die auf dem spirituellen Weg auf dich warten. O.k., jetzt könnte man meinen: „Na super, dann brauch ich ja nur die Hände in den Schoß zu legen und warten bis mir der innere Frieden offenbart wird." Ja in gewissen Fällen wird das sogar der Fall sein, aber ich glaube das ist äußerst selten.

Doch was kannst du tun, oder besser gesagt nicht tun, wenn es dein sehnlichster Wunsch ist inneren Frieden zu erfahren und zwar nicht nur für einen Moment oder einen Tag, sondern dauerhaft und tief? Ob du diesen tiefen Frieden je erfahren wirst, liegt nicht in deiner Hand. Wenn es so ist, dann ist es eine Gnade. Doch du kannst dich bereit machen dafür. Ich für mich habe im Laufe der Zeit 8 Schätze gefunden, die mich bis an den Abgrund der Gnade herangebracht haben. Das Wort Abgrund habe ich hier bewusst gewählt, weil es danach nur mehr ein Fallen in den tiefen Frieden gibt. Diese 8 Schätze sind folgende:

- Achtsam sein
- Deinen Gefühlen Raum geben
- Selbstbeobachtung
- Eigene Verhaltensmuster erkennen
- Blockierungen lösen (emotionale und körperliche)
- Deine Vergangenheit neutralisieren
- Schattenarbeit
- Ichlosigkeit erkennen

In vielen Kapiteln dieses Buchers habe ich Teilbereiche dieser 8 Schätze öfters umrissen. Zu jedem diese Schätze kannst du natürlich auch Übungen praktizieren, jedoch aufgepasst, nicht in der Daseinsweise des Tuns mit der Absicht ein bestimmtes Ergebnis zu erzielen, sondern in der Daseinsweise des Geschehenslassens. Damit ist gemeint: Erwarte nichts und mache die Übungen einfach nur der Übung wegen und bleib offen für Erkenntnisse und Erfahrungen. Denn diese werden sich einstellen und dich befreien. Dann kann Ungeahntes passieren, dass du erstens gar nicht hättest planen können und zweitens du dir wahrscheinlich gar nicht hättest vorstellen können. Wenn du diese 8 Schätze auf deinem spirituellen Weg berücksichtigst, kann ich dir zwar nicht garantieren, dass du auch tatsächlich deinen inneren Frieden finden wirst, aber es erhöht die Chance darauf ungemein.

Du kannst dich natürlich selbst an diese 8 Schätze herantasten, so wie ich es im Laufe vieler Jahre gemacht habe, auch das hat natürlich seinen Wert. Ich biete dir aber auch die Gelegenheit von meinen Erfahrungen zu profitieren und wenn du Interesse an diesen 8 Schätzen gefunden hast, kann ich dir dabei helfen wenn du willst, indem zu z.B. den Online-Videokurs zu den 8 Schätzen buchst. Durch diesen oder einen ähnlichen Kurs bekommst du einen Geschmack von diesem Geschehenlassen, den du dann auf deinem weiteren spirituellen Weg genießen kannst. Details findest du auf meiner website unter Kurse.

Für welchen Weg du dich auch immer entscheidest, oder vielleicht auch durch das Leben entscheiden lässt, ich wünsche dir auf deinem spirituellen weiteren Weg viel Gelassenheit im Nichttun.

Gedanken zum Loslassen

Um sich treiben zu lassen, musst Du dich zuerst von deinen Fesseln lösen!

Anutosho

Glücklich werden oder glücklich sein

Wie die meisten von uns ist auch in Dir wahrscheinlich das Streben nach Glück. Ein glückliches Leben zu führen, das ist wahrscheinlich für die meisten von uns was wir uns vom Leben wünschen oder erträumen. Und natürlich haben wir auch eine Vorstellung davon wie so ein glückliches Leben aussehen soll. Der eine sucht sein Glück in der Partnerschaft, der andere im Job, die andere sieht ihre Erfüllung darin endlich Mutter zu werden, wieder andere suchen ihr Glück im finanziellen Reichtum. Doch was braucht es wirklich, um glücklich zu werden?

Ich bin der Meinung es ist sinnvoller glücklich zu sein, anstatt glücklich zu werden. Versuche ich nämlich glücklich zu werden, werde ich das auch bekommen („Jedem geschieht nach seinem Glauben" steht schon in der Bibel geschrieben). Ich werde ständig in einem Zustand leben jetzt nicht glücklich zu sein, sondern es erst irgendwann „zu werden". Wenn ich erst mal…, dann…, lauten die Geschichten die wir vor uns her beten.

Aber ich will mich hier nicht als Besserwisser aufspielen. Ich selbst war ganz genau so, dass ich immer glücklich werden wollte. Ich hatte immer eine genaue Vorstellung, was ich so alles brauche um glücklich zu werden, und wenn ich es dann hatte stand schon der nächste Wunsch, die nächste Voraussetzung zum glücklich werden parat. Und egal was ich erreichte, es war doch immer ein kleiner Beigeschmack von Unzufriedenheit dabei. Warum? Weil ich das Glück ständig im Außen suchte. Bis ich eines Tages merkte, dass mich die „glücklichen Umstände" im Außen innerlich nie wirklich glücklich machen werden.

Wenn das bei dir auch so ähnlich abläuft, lohnt es sich das einmal genauer zu erforschen. Was bedeutet glücklich sein für dich? Schauen wir uns dazu mal ein paar gängige Aussagen an:

- Finanziell abgesichert zu sein?
- Keine Probleme zu haben?
- Gesund zu sein?
- Einen Partner zu haben der dich liebt?
- Einen Partner zu haben, den du liebst?

Nun lass uns diese mal untersuchen.

Finanziell abgesichert zu sein: Es gibt ja das Sprichwort „Geld macht vielleicht nicht glücklich, aber es beruhigt ungemein". Doch ab wann ist man finanziell abgesichert? Wenn man 50.000 Euro auf der Bank liegen hat? Wie sicher ist dieser Polster? Reicht der wirklich aus? Und was passiert, wenn ich diesen Polster mal wegen unvorhersehbarer Dinge unterschreiten muss und das Konto nur mehr 40.000 Euro aufweist? Und wie sicher ist das Geld überhaupt auf der Bank? Und selbst wenn ich es zu Hause unter meinem Kopfpolster habe, was passiert wenn eine Geldentwertung kommt? Du siehst schon, Geld beruhigt nicht ungemein und wird dich auch nicht glücklich machen.

Keine Probleme zu haben: Wie gut sich doch dieser Gedanke anfühlt. Da stellt man sich doch ein unbeschwertes Leben vor, oder nicht. Doch ich setze für das Wort „Probleme" gerne das Wort „Herausforderungen" ein. Und jetzt stell' dir mal ein Leben ohne Herausforderungen vor. Wäre das nicht langweilig und trostlos? Sind es nicht die Herausforderungen an denen wir wachsen, die uns im Leben reifen lassen? Sind nicht die Herausforderungen „das Salz in der Suppe"?

Gesund zu sein: Wer ist schon gerne freiwillig krank, wirst du dir vielleicht denken. Richtig, weil wir die Krankheit als etwas Störendes ansehen, das wieder weg gehen soll. Schnell zum Arzt, die richtige Medizin verschreiben lassen und weiter geht's. Das tun wir so, weil wir in der Krankheit nicht das Wertvolle sehen.

Wenn wir krank sind, spricht unser Körper mit uns. „Der Körper folgt dem Geist" heißt es doch, „Das Grobstoffliche folgt dem Feinstofflichen" und das kann ich auch unterstreichen. Also muss ich nur herausfinden, was mir meine Krankheit sagen will, was stimmt in meinem geistigen Zustand nicht, wo lebe ich nicht mein LEBEN. Natürlich ist es nicht lustig krank zu sein, und doch gibt uns jede Krankheit die Chance uns besser kennen zu lernen und näher ins wahre SEIN zu kommen.

Einen Partner zu haben der dich liebt: Ach wie gut sich dieser Gedanke doch anfühlt. Wenn mich mein Partner liebt werde ich regelrecht mit Energie aufgeladen. Ich brauche weniger Schlaf, bin topfit und alles geht leicht von der Hand. Wenn das kein Glück ist? Doch auf dieses Hoch kann nur das Tief folgen, und was dann? Ist es dann vorbei mit dem Glück? Ist es wirklich so gut mein Glück von einem Partner, der mich liebt abhängig zu machen?

Einen Partner zu haben, den du liebst: Auch diese Gedanke fühlt sich anfangs ach so gut an. Auch Liebe zu geben verleiht dir natürlich selbst auch Energie. Einen anderen Menschen zu lieben ist in Ordnung, wenn du es bedingungslos tust. Doch wie weit reicht diese Bedingungslosigkeit? Liebe ohne Wenn und Aber. Seien wir doch ehrlich. Wir erwarten uns was wenn wir Liebe geben. Vielleicht hast du ein Haustier, einen Hund oder eine Katze und wahrscheinlich liebst du dieses auch. Untersuche das mal für dich: Ist die Liebe zum Haustier nicht bedingungsloser als zu deinem Partner? – Eigentlich erschreckend, oder? Kann dieses Glück von Dauer sein?

Nun haben wir uns einige Beispiele angesehen, und selbst wenn du andere Vorstellungen von Glück hast, erforsche diese

Gründe auf ähnliche Weise, und du wirst selbst drauf kommen, warum das dauerhafte Glück nicht einziehen will.

Doch wie erreicht man dann dauerhaftes Glück?

Ich bin der Meinung wahres Glück kannst du nur unabhängig von äußeren Umständen erlangen. Selbst wenn du im Gefängnis sitzt, oder im Job „körperlich schuften musst wie ein Schwein" kannst du glücklich sein. Denn ich bin der Meinung, man kann nur „GLÜCKLICH SEIN" und nicht „Glücklich werden". Und Glücklich sein bedeutet für mich sich dem Moment nicht entgegen zu stellen. Der Moment ist wie er ist und er muss so richtig sein (sonst wäre er nicht so). Wenn es mir gelingt im Frieden zu sein, mit dem was ist, wie kann ich dann nicht glücklich sein? Und wenn du dich nicht gegen das LEBEN stellst, dann kann das LEBEN ungehindert fließen, und wenn das LEBEN im Fluss ist, werden Dinge auf dich zukommen, werden sich Gelegenheiten ergeben, die du so nie erwartet hättest. Doch es reicht natürlich nicht sich das nur vorzustellen: „Ich stelle mir halt vor, dass ich mit allem im Frieden bin was ist, und nun hoffe ich darauf, dass das Glück kommt" – Das Leben ist kein Wunschkonzert, das Leben ist das LEBEN. Erst wenn du den Moment als das einzig Wahre erkennen kannst, wirst du verstehen was ich meine.

Aber glaube mir das nicht so einfach. Denke selber darüber nach und forsche für dich, erst dann hat es einen Wert für dich, erst dann wirst du den inneren Frieden erlangen.

Die Bereitschaft zu sterben – ohne Hindernisse

Bist du bereit zu sterben? – Nein? - dann bist du nicht frei. Wenn du nicht bereit bist zu sterben, wie willst du dann in Freiheit leben? In Freiheit leben bedeutet ohne inneren Zwänge leben, und jeder Zwang den wir verspüren ist ein innerlicher, selbst wenn wir zunächst davon überzeugt sind, dass der Zwang von außen auf uns wirkt: Ich muss zur Arbeit, ich muss helfen, u.s.w., du merkst vielleicht schon; jeder „Glaubenssatz", der mit „ich muss…" oder auch „ich kann doch nicht…" beginnt. Und das sind nur die offensichtlichen Zwänge, meist materieller Natur.

Dann kommen da noch die emotionalen Zwänge dazu (z.B. ungeklärte Beziehungen), die oft nicht so offensichtlich sind. Doch diese Zwänge können nur auf uns wirken, wenn wir sie innerlich zulassen, wenn wir innerlich eine Resonanz dafür aufweisen. Das heißt, wir müssen uns zuerst unserer inneren Zwänge, unserer inneren Hindernisse bewusst werden, bevor wir frei sein können. Aber wie mach ich das?

Stell dir vor was wäre wenn du jetzt sterben müsstest. Schließe die Augen und fühle da hinein. Was taucht da jetzt auf? Häufige Beispiele sind:

- Ich möchte zuerst mal Leben bevor ich sterbe oder
- Ich bin noch im Unfrieden mit Jemanden oder
- Ich muss noch jemanden etwas sagen/gestehen oder
- Ich muss vorher noch etwas erledigen oder
- Ich hab Angst, dass dann nichts mehr kommt oder
- Ich hab Angst, dass ich in die Hölle komme oder
- Oder, oder, oder

Und das was jetzt auftaucht, ist genau das woran man festhält, das sind die Hindernisse, die uns nicht frei sein lassen.

Achte gut auf das was kommt, denn das sind sehr sehr gute Hinweise aus DIR selbst heraus, was es noch loszulassen gilt. Niemand kann es besser wissen, als DU selbst. Meine Empfehlung wäre auch sich das was da auftaucht zu notieren und sich wie einen Spiegel vor die Augen zu halten. Denke daran, du machst das nur für DICH, für niemand anderen. Und loslassen heißt zunächst einmal nicht, dass man sich von all dem verabschiedet, sondern dass man diese Hindernisse, Zwänge oder Glaubenssätze hinterfragt, ob man das tatsächlich alles muss oder ab man es vielleicht nur will (Eigentlich muss ich nicht, sondern ich will, weil …). Dann sieht die Welt schon oft ganz anders aus.

Es gibt auch die Weisheit: Love it, leave it or change it. Soll heißen: Liebe es, wenn du das nicht kannst, verlasse es, wenn du das auch nicht kannst verändere es (oder dich, was zumeist effektiver ist).

Wenn dir das möglich ist, wirst du sehr schnell erkennen, wie du mit jedem losgelassenen Hindernis freier wirst, dich freier fühlst

Es gibt auch den Ausspruch: „Die Kunst des Lebens ist es zu sterben bevor du stirbst". Gemeint ist damit das Sterben deiner Glaubenssätze, deiner Hindernisse, um das Leben zu genießen und zwar in vollen Zügen!

Wenn du also frei sein willst, lass deine Hindernisse sterben. Ich wünsche Dir auf jeden Fall alles Gute dabei und weiß, dass du dadurch deinen inneren Frieden und das Glück des Lebens finden wirst.

Alles kommt, alles geht, nichts bleibt!

Alles kommt, alles geht, nichts bleibt – Ein Aussage zu der zunächst sicher viele zustimmend nicken: „Ja, so ist es". Und dennoch leben die meisten von uns ein anders Leben. Ständig sind wir damit beschäftigt an etwas festzuhalten, oder etwas zu unterdrücken oder etwas weghaben zu wollen. Und damit fangen alle Probleme an, die wir uns selbst erschaffen.

Die Ursache dafür liegt darin, dass unser Verstand die Lebensumstände ständig kontrollieren will, das was ist verändern oder anpassen will, doch das LEBEN zeigt uns erbarmungslos das das nichts bringt, denn sonst hätten wir dadurch keine Probleme und das Dilemma nimmt seinen Lauf und hindert uns daran uns selbst zu erkennen, unsere wahre Wesensnatur. Sind wir glücklich, zufrieden oder entspannt ist unser Verstand bestrebt diesen Zustand festzuhalten. Sind wir betrübt, traurig oder unzufrieden unternimmt unser Verstand alles, um diesen Zustand zu vermeiden, er will ihn weg haben. Andere wieder haben sich zur Lebensaufgabe gemacht Gefühle zu verdrängen, zu verschütten, indem sie dann nach langer Zeit meistens selbst nicht mehr wissen, was sie warum verschüttet haben und sind dann gefangen in ihren Gefühlsmustern, weil sie die Gründe dafür nicht mehr kennen (oder besser gesagt, weil sie sich nicht mehr daran erinnern können).

Um jedoch unsere wahre Wesensnatur erkennen zu können, müssen wir das LEBEN fließen lassen, denn Fakt ist: Alles was auftaucht unterliegt einem natürlichen Rhythmus. Bei vielen Beispielen erscheint uns das völlig logisch, zum Beispiel der Atem, er kommt (Einatmen) und er geht (Ausatmen). Oder das Kommen und Gehen in der Natur; es wird hell und dunkel; es kommt

Sommer und Winter; es blühen Blumen und verblühen wieder. Nur für unser eigenes Leben können und wollen wir das nicht akzeptieren. Sofort hat unser Verstand für alles was auftaucht ein „ja, aber…". Doch es ist eigentlich ganz einfach. Das Schlüsselwort heißt ACHTSAMKEIT.

Wenn du achtsam bist kannst du beobachten was im Moment auftaucht im Theaterstück des Lebens (oder auf der Bühne des Lebens) und wie es wieder verschwindet. Und wenn du wirklich achtsam bist, kannst du für dich selbst beobachten, was von dem was auftaucht du festhalten, weghaben oder unterdrücken möchtest. Nimm das bewusst wahr was nach dem „ja, aber" kommt und du lernst dich dadurch ein großes Stück näher kennen. Das nächste Schlüsselwort wäre dann WARUM. Warum will ich das festhalten, weghaben oder unterdrücken? Warum kann ich nicht im Frieden sein, mit dem was auftaucht? Was hat das was auftaucht mit mir zu tun? Hat es überhaupt mit mir zu tun? Auf was will mich diese Situation hinweisen? Auf viele Antworten wirst du schon alleine durch diese Achtsamkeit kommen, auf andere, speziell wenn es um verschüttete Gefühle geht, vielleicht nicht so schnell. Da kann es dir helfen, wenn du zunächst nur mal das Gefühl wahrnimmst, das in dem was auftaucht ausgelöst wird. Versuche dieses Gefühl ganz konkret zu benennen und spüre was es macht mit dir. Wenn du schon Übung in Meditation hast kannst du dieses konkrete Gefühl mit in eine Meditation nehmen, ohne Erwartungen. Versuche auch in der Mediation einfach nur wahrzunehmen, was kommt und was geht. Dann können da schon sehr erlösende Antworten aus dem Unterbewusstsein zu dir kommen, denn die Antworten sind auf alle Fälle in dir und zwar nur in dir. Wenn es dir damit nicht gelingt und du in dir wirklich etwas (er)lösen willst, können geführte Trance-Meditationen, Familienaufstellungen oder ähnliche Praktiken sehr hilfreich sein.

Und je mehr Antworten du bekommst auf deine Muster des Festhaltens, Weghabenwollens oder Unterdrückens, desto mehr und mehr wird es dir möglich sein achtsam zu sein, im Moment ohne Bewertungen von richtig und falsch zu leben und einfach nur wahrzunehmen was ist, was auftaucht und wieder verschwindet und das mit einer positiven Wertlosigkeit, egal ob da jetzt Freude oder Leid, Angst oder Vertrauen, Liebe oder Hass auftaucht. Denn all diese Gegensätze haben immer dieselbe Uressenz und sind nur gegensätzliche Ausprägungen in unserer Polarität. Sie sind beide Ausschlag desselben Pendels. Und wenn wir nicht mehr festhalten, weghaben oder unterdrücken wollen sind wir automatisch im Fluss des Lebens und frei von jeglichem Widerstand und erst dann sind wir in der Lage in tiefer Zufriedenheit und innerem Frieden zu leben. Ab diesem Punkt wirst du das Gefühl haben vorher gar nicht richtig gelebt zu haben.

Aber wie immer möchte ich nicht, dass du mir das einfach glaubst, sondern ich möchte dich ermutigen es selbst auszuprobieren bzw. anzuwenden, denn erst dann und nur dann hast du für DICH etwas davon. Und mir ist klar, dass die beschriebenen Vorgangsweisen bedeuten über seinen eigenen Schatten zu springen und das bedeutet Mut. Aber Mut braucht es zum Leben, vor allem, wenn es um DEIN EIGENES geht.

Ich wünsche dir viel Mut dich deinem Leben und deinen Mustern des Festhalten, Weghabenwollen und Unterdrücken zu stellen und dadurch deine wahre Wesensnatur zu erkennen. – Viel Achtsamkeit dabei.

Lass' Dich los und werde frei!

Wenn du das liest gehörst du sehr wahrscheinlich auch zu jenen Menschen die auf der Suche nach innerer Freiheit und Erfüllung sind. Was haben wir nicht alles schon getan, unternommen und über uns ergehen lassen, um diesem Ziel näher zu kommen. Gewiss, es gab immer den einen oder anderen Lichtblick, der uns kurzfristig in die Nähe dieses Zieles blicken ließ, sei es nach dem Besuch eines spirituellen Seminars oder dem Lesen eines spirituellen Buches, oder was auch immer. Doch irgendwie war das bis jetzt alles nicht von Dauer, warum nur?

Die Antwort ist wieder mal wie so oft so nahe, dass wir sie nicht sehen können, es ist wie das berühmte Brett vor dem Kopf. Es ist die Tatsache, dass das was du suchst nicht außerhalb von dir zu finden ist, sondern innerhalb, aber das wusstest du ja bereits. „Aber warum finde ich es trotzdem nicht?" wirst du dich jetzt vielleicht fragen. Weil es eine innere Suche mit dem Ego ist und somit eine Suche aus dem Verstand heraus. Und da der Verstand in der Begrenzung der Polarität lebt, kann er auch nur begrenzt wahrnehmen. Er kann nur auf die begrenzten Erfahrungen, die er gespeichert hat, zugreifen und daraus ein „Wahrheit" basteln. Auf diese Weise wirst du nie und nimmer die letztendliche Wahrheit und somit den inneren Frieden finden. Weil DU ihn nicht finden kannst. Es ist das ICH, dass dir bei dieser Suche im Wege steht. Und da du dir selbst im Wege stehst, kannst du es auch nicht erkennen.

Dann hast du auch bestimmt schon sehr viel vom Loslassen gehört. Du musst loslassen, darfst an nichts festhalten, wenn du bei deiner Suche erfolgreich sein willst. Bei der Suche nach dir selbst. Und da du dich selbst suchst, sucht wieder dein ICH. Das ist doch total paradox, nicht wahr. Ich suche nach mir in der Begrenzung mit begrenzten Mitteln.

Der Schlüssel liegt meiner Meinung nach darin, dass du zuerst DICH (=Dein ICH) los werden musst. In so vielen spirituellen Lehren wird das mehr oder weniger „gepredigt": Du musst dich lassen, d.h. soviel wie du musst dein Ich loslassen. Und Loslassen heißt auch hier wieder nicht wegschieben oder unterdrücken. Das weißt du auch, dass das nicht funktioniert. Wenn dir dein ICH also nicht sagen kann, wie du zu dir selbst (oder wie ich es lieber nenne: zur göttlichen Quelle) finden kannst, wer oder was dann?

Wenn es der Kopf, sprich Verstand nicht kann, dann muss es wohl das Herz sein. Und die Sprache des Herzens ist immer die Sprache der Liebe. Und die Liebe sagt mit Akzeptanz und Hingabe. Akzeptiere, dass dein Verstand in der Begrenzung lebt und das ICH als sein Universum betrachtet, das eigenständig und getrennt von allem anderen existiert. Gib dich den Gedanken hin, die auftauchen, ohne tiefer in diese einzutauchen. Konzentriere dich auf das was du spürst, wenn dein Herz Fragen hat. Das Gespür ist frei von Begrenzungen, ist frei von Beurteilungen wie gut oder schlecht, richtig oder falsch. Und diese Sprache des Gespürs und der Liebe ist eigentlich unsere ureigene Sprache, die wir im Laufe der Jahrhunderte nur verlernt haben. Aber wir können sie wieder erlernen bzw. uns wieder daran erinnern. Es ist wie mit dem Erlernen einer Fremdsprache; Übung macht den Meister. Wir können diese Sprache also trainieren und je mehr und mehr wir uns darauf konzentrieren, desto sicherer werden wir in dieser Sprache werden und desto mehr werden wir dieser Sprache vertrauen.

Und mit Gespür, Liebe und Vertrauen kann eigentlich nichts mehr schief gehen, oder? Lass Dein Ich (DICH) Ich sein und bediene dich deines Ichs wenn es von Nöten ist, um in der Gesellschaft und der Polarität zu bestehen, aber lass das EGO nicht deine Sprache sein, wenn du zu inneren Frieden gelangen willst.

Nimm Kontakt zu deinem Herzen auf, sei still und lausche der Sprache des Herzens, sie wird dir den Weg nach Innen weisen. Achte auf die Zeichen, Gelegenheiten und Warnungen, die dir das LEBEN auf dieser Reise schickt und versuche diese mit Gespür, Liebe und Hingabe zu deuten – Dein Herz weiß immer den nächsten richtigen Schritt, weil dein Herz Zugriff auf die unendliche Wahrheit hat, den der Verstand nie haben kann. Dann kann eine spannende und lebendige Reise beginnen, dessen Ziel die Vollendung in der göttlichen Quelle verheißt, aber selbst der Weg auf dieser Reise ist jeden Schritt wert.

Wenn du dich entscheidest dich deinem Herzen zuzuwenden, wünsche ich Dir viel Spaß und spannende Abenteuer auf DEINER Reise nach Innen.

Die Freiheit nichts zu entscheiden!

Wie oft musst du Entscheidungen treffen am Tag, sei es beruflich oder privat? Und wenn du Entscheidungen triffst, dann ist es dir bestimmt auch schon passiert, dass du dir im Nachhinein gedacht hast, dass vielleicht eine andere Entscheidung besser gewesen wäre. Und fängst du dich dann an für die scheinbar falsch getroffene Entscheidung zu verurteilen. Ja, kennst du das Dilemma? Doch auch dieses Dilemma ist nur scheinbar eines....

Denn du solltest dir hier mal die Frage stellen: „Bin wirklich ICH es, der hier eine Entscheidung trifft?" Jetzt wirst du wahrscheinlich sagen: „Naja sicher bin ich es, ich habe ja gesagt so machen wir es!" Ja stimmt, du magst vielleicht diesen oder so einen ähnlichen Satz gesagt haben, der dich glauben lässt, dass DU die Entscheidung getroffen hast. Doch in Wirklichkeit ist es so, dass DU nie eine Entscheidung triffst, sondern immer nur das LEBEN, das über dir steht. Was meine ich damit?

Wenn du glaubst, das DU eine Entscheidung getroffen hast, dann ist das ein Glaube aus deinem Ego heraus, aus deinem Verstand heraus, der durch Nachdenken die Eventualitäten der Möglichkeiten abgewogen hat und sich dann scheinbar für eine Möglichkeit entschieden hat. Doch dein Verstand ist sehr begrenzt, und zwar nicht nur deiner, sondern von uns allen. Er kann nur auf gemachte Erfahrungen aufbauen und diese gemachten Erfahrungen für die anstehenden Möglichkeiten, die zur Entscheidung anstehen, interpretieren. Und aufgrund dieser Interpretationen unserer Erfahrungen auf die Möglichkeiten entscheiden wir uns dann für Möglichkeit A oder B oder ...

Nun haben Gehirnforscher aber herausgefunden, dass eine Entscheidung eigentlich schon feststeht, bevor der ganze Interpretationszirkus im Verstand losgeht, somit wird klar, dass unser

Verstand das nicht entschieden hat. Das was unser Verstand eigentlich macht, ist dass er nun zwanghaft versucht die bereits feststehende Entscheidung zu rechtfertigen für unser Ego, damit wir eben dann sagen können: Ich habe diese Entscheidung aufgrund der vorliegenden Fakten getroffen. Doch wie so oft, trügt uns hier auch der Schein, oder in diesem Fall besser gesagt der Verstand.

Doch wie kommt es eigentlich, dass die Entscheidung schon vorher feststeht, bevor sich unser Verstand in den scheinbaren Entscheidungsprozess einklickt, das ist ja eigentlich die spannendere Frage, oder? Weil die Entscheidung nicht vom Ego getroffen werden kann, sondern nur vom LEBEN, vom übergeordneten SELBST, vom Überbewusstsein, von der Gottessenz, die in uns allen wohnt, oder welches Gleichnis dir auch immer mehr zusagt. Es ist die Essenz in dir, die vom Ego unabhängig ist, die Kraft, die universelle Energie, die dich und uns alle umgibt. Und das LEBEN, diese Kraft, dieses Energie, weiß, was die richtige Entscheidung ist, darum steht sie auch schon fest, bevor der Verstand eingreift.

Du siehst also, das eingangs beschriebene Dilemma ist auch nur ein scheinbares Dilemma des Verstandes, denn in Wirklichkeit gibt es keines.

Und selbst, wenn du an das Dilemma glaubst, und denkst die falsche Entscheidung getroffen zu haben, so zeigt dir das LEBEN durch seinen Verlauf immer, das es die richtige Entscheidung war, die getroffen wurde, denn so etwas wie eine falsche Entscheidung gibt es gar nicht!

Es ist dir sicherlich auch schon passiert, dass du vielleicht erst Jahre später erkennt hast, dass die damalige Entscheidung genau die Richtige war, auch wenn du das nie geglaubt hast, denn sonst wärst du heute nicht der/die, der/die du bist und auch nicht dort wo du bist. Und da das LEBEN zugleich auch unser bester, wenn nicht einziger Lehrmeister ist, ist das derzeitige HIER und JETZT für dich genau richtig. Das LEBEN schaut auf Dich, so wie es auch auf die Vögel schaut, dass diese nicht verhungern.

Wenn du das für dich erkennen kannst, dann und erst dann bist du in der Lage dich dem Hier und Jetzt voll und ganz hinzugeben, Hingabe und Akzeptanz ins Hier und Jetzt zu legen und mit dem LEBEN im Fluss zu sein, anstatt sich dagegen zu stellen, nur weil der Verstand (der nichts vom LEBEN weiß) glaubt es besser zu wissen, weil dieser nur festgefahrenen Konzepten folgt.

Wenn du diese Akzeptanz und Hingabe für das LEBEN und die mit dem LEBEN einhergehenden Entscheidungen leben kannst, dann bist du FREI, weil du mit dem Fluss des Lebens lebst. Dann wird sich innerer Frieden in dir breit machen, und das Leben wird dich mit unglaublichen Schätzen belohnen, die sich der Verstand nie hätte ausdenken können. Du bist also frei falsche Entscheidungen zu treffen, weil Du nie eine Entscheidung triffst. Erkenne, dass nicht Du dein LEBEN im Griff hast, sondern dass das LEBEN dich im Griff hat, und das nur mit den besten Absichten für deinen Lebensweg. Diese Erkenntnis ist Freiheit.

In diesem Sinne wünsche ich dir mehr Herz als Verstand für die Hingabe und Akzeptanz an das LEBEN, an dein LEBEN.

Loslassen und fallen!

Loslassen ist ja ein Begriff den man heute in spirituellen Kreisen an jeder zweiten Ecke hört. Du musst einfach nur loslassen um frei zu werden. Wenn es doch nur so einfach wäre, dann wären wir doch bestimmt alle schon frei, oder? Prinzipiell ist die Aussage zwar richtig, dass es nur dem Loslassen bedarf um Freiheit zu erlangen. Doch wie kann ich mich dazu bringen loszulassen und was ist eigentlich genau damit gemeint? ...

Viele meinen damit das Loslassen von materieller Abhängigkeit, wodurch du auf gewisse Art und Weise dein Gefängnis verlassen kannst, indem du vielleicht lebst, weil du dich durch den Erhalt der materiellen Güter in gewisse Abhängigkeiten hinein begeben hast. Andere meinen mit Loslassen das Loslassen von inneren Bindungen zu anderen, wodurch du damit auch einen gewissen Grad an Freiheit erlangen kannst, indem du lernst nicht nur nichts besitzen zu müssen, sondern auch niemanden besitzen zu müssen. Durch das Loslassen von anderen wirst du dann selbst dein bester Freund und Weggefährte, auf den du immer zählen kannst. Und wenn du andere losgelassen hast, dann werden sie dich begleiten oder auch nicht, aber das spielt dann für dich keine Rolle mehr, und das ist mit dieser Freiheit gemeint.

Aber es gibt da noch eine tiefere Form des Loslassens, nämlich das Loslassen der Gefühle. Oft ist es ja so, dass wir unbewusst gewisse Gefühle gar nicht hochkommen lassen. Das kannst du gut bemerken, wenn es dir zum Beispiel schwer fällt in den Bauch zu atmen, oder wenn du feststellst, dass deine Kiefermuskeln verspannt sind. Das sind typische Anzeichen dafür, dass Gefühle nicht ausgelebt werden können. Gerade in unserer westlichen Kultur ist dieser Umstand sehr verbreitet, da uns von klein an beigebracht wurde, dass es sich nicht gehört seinen Gefühlen freien Lauf zu lassen. Man hat sich zu beherrschen, sich unter Kontrolle zu halten. Und darin sind wir in unserer westlichen Kultur leider wirklich gut geworden. Und mit dem Loslassen ist diese Verkrampfung gemeint, die uns oftmals daran hindert unsere Gefühle zu leben. Da wir oft jahrelang solche Gefühle unterdrücken, haben wir uns auch mit diesen Gefühlsverdrängungen identifiziert, und daher können wir unser Ego niemals vollständig erlösen, wenn wir nicht auch diese unterdrückten Gefühle ausleben können. Erst wenn diese zum Vorschein kommen dürfen und dadurch transformiert werden können, können wir uns auch von der Ego-Identifizierung lösen und mit Hingabe in die Gnade des Augenblickes fallen. Das ist es was schlussendlich mit dem Loslassen eigentlich gemeint ist.

Doch wir bringt man sich dazu solche Muster der Gefühlsunterdrückung aufzulösen? Es kann sein, dass sich das durch eine spirituelle Erfahrung von Jetzt auf Gleich einstellt, aber das ist eher selten der Fall und wenn es doch eintritt eine unendliche Gnade. Meist ist es wie mit vielem im Leben, dass man sich da herantasten muss. Und das bedeutet es sich mit gewissen Methoden und Übungen zum Mindsetting selbst beizubringen oder durch jemanden zu lernen, denn mehr ist es eigentlich nicht. Es ist die innere, anerzogene Einstellung zum Umgang mit Gefühlen, die jeder für sich im Kopf fallen lassen muss, um in die Gnade des Augenblicks fallen zu können. Doch das kann lange, lange dauern, also verzweifle nicht, wenn du dieses letzte Loslassen noch nicht vollbringen kannst. Denn so oft ist ja der Weg das Ziel. Die Erfahrungen, die du auf diesem Weg zum letzten Loslassen hin machst, kann dir schließlich auch keiner mehr nehmen. Oft sind es ja auch gerade diese Erfahrungen auf dem Weg, die das Leben so geschmackvoll machen. (Und jede Erfahrung, die du machst, musstest du sowieso machen, damit du zum Schluss bereit bist, um in das Himmelreich Gottes, in das Paradies, eintreten zu können – und damit ist natürlich das Eintreten in den egolosen, raum- und zeitlosen Zustand gemeint). Und wenn es dich vielleicht tröstet, ich selbst habe ihn auch noch nicht geschafft, doch ich weiß, dass es sich lohnen wird und dass der friedvolle Zustand nach diesem Loslassen mit nichts vergleichbar sein wird. Es ist für mich ein Wissen, ja ich kann es zu bestimmten Zeiten förmlich spüren, dass das bedingungslose Verweilen des Seins im Augenblick die Kröne der Schöpfung sein wird.

Ist dein Inneres wirklich entspannt?

Du kennst das vielleicht, wenn man angespannt ist vom Alltag, dass man sich dann am Abend gerne mal einer Meditation
hingibt um wieder „runter zu kommen". Viele meinen wenn man
meditiert, dann kann man dadurch sein Inneres, seine Seele entspannen, doch das ist nur bedingt richtig. Um in der Seele entspannt zu sein, musst du zuerst deinen Körper entspannen. Warum?

Weil zum Entspannen deines Inneren ein inneres Loslassen
einhergehen muss. Doch dieses ist oft nicht möglich wenn unsere
Körpermuskulatur am Bauch, am Rücken, im Nacken, am Kiefer,
an der Stirn, u.s.w. nicht entspannt ist. Und verspannt sind diese
Regionen oftmals nicht zuletzt dadurch, da wir emotional an etwas festhalten, oder Spannung aufbauen, um etwas nicht heran-
kommen zu lassen. Also ist es sinnvoll sich zunächst in die körperliche Entspannung zu bringen, bevor ein innerliches Loslassen
geschehen soll. Doch diese emotionalen Verspannungen können
nur auf emotionaler Ebene wieder gelöst werden, da sie meist
schon sehr lange sehr tief sitzen, sodass diese uns nicht einmal
mehr auffallen, dass sie da sind. Doch wie kannst du das machen?

Indem du dich in deine auftauchenden Gefühle hineinfallen
lässt, dich nicht mehr gegen sie wehrst, heißt weder festhalten,
noch wegschieben, noch unterdrücken, sondern einfach da sein
lassen ohne etwas damit zu tun. Nur wenn du es akzeptierst, dass
sich diese Gefühle voll ausleben dürfen, wird sich auch keine körperliche Spannung aufbauen, bzw. vorhandene emotionale Kör-
perverspannung lösen.

Jetzt wird sich vielleicht der eine oder die andere denken,
dass man tiefsitzende Verspannungen aber auch mit Massagen

und diversen Techniken von außen ganz gut lösen kann. Das stimmt soweit schon, doch wie bei jedem Übel, wird die Auswirkung wieder kommen, wie das Amen im Gebet, wenn man nicht an der Ursache arbeitet, und die Ursache sind eben mal unterdrückte Gefühle. Wenn du also innerlich wirklich tiefen Frieden erfahren willst, wirst du nicht umher kommen, deine Gefühle zuzulassen. Und leichter fällt das, wenn du erkennst, dass die auftauchenden Gefühle eigentlich gar nicht deine sind, sondern einfach nur Gefühle wie Trauer, Wut, Angst, u.s.w., aber nicht deine Trauer, deine Wut, deine Angst, u.s.w. Und schon wieder höre ich jemanden sagen: „Aber natürlich sind das meine Gefühle, ich fühle sie ja, ich habe den Schmerz". Wenn du das auch so siehst, muss ich dir leider (oder hoffentlich) die Illusion nehmen, dass das deine Gefühle sind. Du empfindest sie nur als deine, weil du dich mit ihnen identifizierst, erst damit wir die Trauer zu deiner Trauer und sodann bist du dazu geneigt etwas damit zu tun.

Doch wenn du die Trauer als ein neutral auftauchendes Gefühl betrachten kannst, dann kannst du es erstens einmal leichter annehmen und zweitens dem Gefühl leichter die Möglichkeit geben sich ganz zu zeigen und so sich auszuleben. Und ein Ausleben der Gefühle bedeutet, dass sich die Energie, die dieses Gefühl mit sich bringt, entladen kann und dadurch keine Verspannung im Körper zurück lässt.

Erst wenn du dazu in der Lage bist, erst dann kannst du in der Meditation wirkliche innerliche Entspannung erfahren, die dann auch nachhaltig anhält. Doch mir ist natürlich klar, dass das in der Regel nicht von heute auf morgen möglich ist, da wir ja in unseren Mustern und Programmen gefangen sind, das heißt also, das ist meist ein längerer Prozess im Rahmen der Akzeptanz und Hingabe. Doch ich möchte dich ermutigen, dass sich dieser Prozess lohnt und du schließlich in das Reich des inneren Friedens einkehren wirst, wo absolute Lebensfreude, Zufriedenheit und wirkliches Glück auf dich warten und deine weitere Lebensweise bestimmen werden.

Der Kosmos schwingt und ich schwinge mit

Das alles Energie ist, ist ja inzwischen den meisten nicht mehr ganz unbekannt. Dass sich die Schwingungsfrequenzen nicht nur hier auf unserer Erde, sondern im ganzen Kosmos seit Beginn des Wassermann-Zeitalters ständig erhöhen und uns aus der Starre ins Fließen bringen sollen, ist jedoch bei vielen noch nicht angekommen. Somit wird das Festhalten an alten Strukturen, an starren Strukturen auch immer schwieriger und fordert mehr Energieaufwand desjenigen, der festhalten will.

Es ist für viele so, als wenn sie in einem Fluss an einem Ufer gerade noch einen Ast erklommen haben, an dem sie sich festhalten können, nur um ja nicht mit der natürlichen Strömung des Flusses mit zu gleiten. Nun kann man sich das so vorstellen, dass die Strömung des Flusses immer stärker wird, und somit muss sich der Wehrende am Ufer immer stärker festhalten, denn er muss ja etwas gegen die Strömung unternehmen, wodurch dieser natürlich immer schwächer wird, weil es ihm Energie raubt. Und dass die Strömung immer stärker wird, was in diesem Gleichnis der Energieerhöhung im Kosmos und unserer Erde gleicht, sollte uns auch klar sein, denn das Universum atmet wie alles innerhalb des Universums. Und nun scheint es gerade im Zyklus des Ausatmens zu sein, im Zyklus des Loslassens. Und wirst ja sicherlich schon selbst bemerkt haben, wie im Zyklus des eigenen Ausatmens alles leichter wird. Und wenn wir uns diesem Zyklus nicht anpassen, werden wir zwangsläufig Probleme bekommen. Zunächst auf mentaler, dann auf emotionaler und schließlich auf physischer Ebene, da unsere eigene Energiefrequenz nicht mehr mit der des Universums übereinstimmt.

Das zeigt sich dann in verschiedenen Auswirkungsformen und desto sensibler jemand ist, desto gravierender wird dieser oder diese das wahrnehmen:

- Körperliche Ebene: Gelenks- oder Kopfschmerzen, Verspannungen, Muskelzucken, Schlafstörungen, innerliches Vibrieren
- Psychische, emotionale Ebene: unruhige Gemütsverfassung, wechselnde Gefühlszustände, konkrete, aber auch unerklärliche Angstzustände,
- Beziehungsebene: Verstärkte Konflikte

Und wer sich nicht bereit erklärt sich dieser energetischen Entwicklung anzupassen wird sich wohl über kurz oder lang aus dieser Welt verabschieden. Das ist aber weder gut noch schlecht. Jeder hat das Recht sich für eine Seite zu entscheiden, nur sollte man eben wissen, welche Seiten es überhaupt gibt. Solltest du dich für die Strömung entscheiden, so ist es unumgänglich, dass du dich den Schwingungen und Frequenzen anpasst, bzw. dass du dich auf diese erhöhten Schwingungen einstellst. Das bedeutet ein Loslassen innerer Blockaden, eine Harmonisierung deiner inneren Energiezentren zu den äußeren, dich umgebenden Energien und eine ständige Schwingungsanpassung auch in deinem Bewusstsein zuzulassen.

Ich für mich habe mich auf jeden Fall für die spannende Zeit des Wandels entschieden und Wandel bedeutet immer Loslassen. Loslassen von Denkweisen, Verhaltensweisen, Ansichten, Glaubenssätzen, Verletzungen, u.s.w., sowie zugleich offen zu sein für Neues und vor allem Unerwartetes. Und dass mit einer Prise Gottvertrauen (was im Grunde nur ein Vertrauen in dich selbst ist) gewürzt, ist dann genau die richtige Mischung, um wie ein neugieriges Kind auf diese neue Zeit zuzugehen. Und diese neue Zeit ganz gleich wie ein Kind in einer Daseinsweise des Geschehenlassens zu genießen, ohne konkret etwas zu wollen und vielleicht gar zu müssen.

Wenn du dich auch für die Zeit des Wandels entschieden hast (und da du das hier liest, hast du das wahrscheinlich) wünsche ich dir genauso wie mir spannende, bewusste und erfüllende Zeiten. Und wenn du das Gefühl hast, du musst deine eigenen Schwingungsfrequenzen den steigenden äußeren Frequenzen anpassen, lade ich dich gerne ein zum Onlinekurs zur Energieharmonisierung und Schwingungsanpassung teilzunehmen. Hier gebe ich dir die Gelegenheit gemeinsam mit mir diese Anpassungen vorzunehmen. Webinar-Adresse: https://sana-santi-academy.thinkific.com/

Gedanken zu Akzeptanz und Hingabe

Was oftmals wie das Ende erscheint, ist oft erst ein neu-er Anfang!

Anutosho

Womit verschwendest du deine Lebenszeit?

Hast du dir diese Frage auch schon einmal gestellt? Vielleicht machst du einen Job, der dich nicht erfüllt. Vielleicht hast du aber gerade keinen Job und hängst dadurch einfach nur zuhause ab, oder du hast vielleicht doch deine Berufung gefunden, doch in der Partnerschaft will und will es einfach nicht funktionieren. Und so vergehen die Tage und vielleicht auch die Jahre ohne dass wir dauerhaft unser Glück finden und denken uns dann vielleicht, das sind doch alles verschwendete Tage und Jahre. Doch sind sie das wirklich?

Wenn wir uns unseren Lebensweg anschauen ist es doch meistens (eigentlich immer!) so, dass uns jede Handlung, jede Begegnung, die wir hatten, jeder Erfolg oder Misserfolg, den wir hatten uns zum nächsten Schritt auf unseren Lebensweg brachte. Denn hätten wir diese Schritte nicht getan, würden wir heute nicht da stehen wo wir stehen. Und da wo wir heute stehen ist es genau richtig, es kann und könnte gar nicht anders sein. Wenn du das erst einmal akzeptieren und annehmen kannst, dass du DA bist WO du gerade bist für dich jetzt genau richtig ist, egal ob glücklich oder zutiefst unglücklich, dann kannst du auch erkennen, dass es keine verschwendete Lebenszeit gibt.

Und es wird im Lebensfluss immer so sein, dass du dich mal oben und mal unten befindest, dass nennt man Polarität. Oder glaubst du wirklich, dass wenn du immer glücklich wärst auch noch dieses Glück erfahren könntest? Natürlich nicht – Du erkennst das Glück nur, weil du das Unglück kennst und umgekehrt. Das nennt man auch „Das Spiel des Lebens".

Das einzige, was du dafür aktiv tun kannst, ist dich dem Leben hinzugeben. In voller Achtsamkeit dem was in deinem Leben auftaucht hinzugeben. Denn so wie es auftaucht, wird es auch wieder vergehen oder sich zumindest verändern. Es gibt nichts Konstantes im Leben, auch wenn wir das ach so gerne hätten. Und genau da fängt es an sich zu „klemmen". Wenn es schön ist, was da auftaucht, möchten wir, dass es nie mehr vergeht und wir versuchen es festzuhalten, diese Energie zum Stillstand zu bewegen, damit es nie mehr weg geht. Doch wir alle wissen, dass funktioniert nicht. Ganz im Gegenteil, je mehr wir es festzuhalten versuchen, desto eher entschwindet es wieder, weil auch Energie nicht gefangen sein will. Und wenn mal etwas auftaucht, dass nicht so schön ist und uns vielleicht sogar Angst macht oder schmerzt, möchten wir das so schnell wie möglich weg haben. Doch auch das funktioniert nicht. Es bleibst so lange da wie es bleibst. Im Gegenteil, je mehr wir es wegschieben wollen, umso stärker und intensiver zeigt es sich. Und wenn mal etwas auftaucht, wo wir der Meinung sind, das hat doch um Gottes Willen mit mir nichts zu tun, dann versuchen wir es zu unterdrücken, zu ignorieren, doch auch das funktioniert nicht, weil man eben dem Leben seinen Willen nicht aufzwingen kann.

Wenn du in Harmonie mit dem Leben, mit deinem Leben leben möchtest, heißen die Zauberwörter Akzeptanz und Hingabe.

Mit Akzeptanz ist damit die Achtsamkeit für den jetzigen, einzigen Moment gemeint, indem du alles was in diesem jetzigen einzigen Moment auftaucht in Resonanz trittst und mit deiner ganzen Intensivität, die du aufbringen kannst wahrnimmst. Mit der Hingabe ist gemeint, dass du das was auftaucht auch voll und ganz zulässt. Wehre dich nicht dagegen, versuche weder festzuhalten, wegzuschieben oder zu unterdrücken, lass dich einfach ganz darauf ein. Das LEBEN weiß, warum das jetzt in diesem einzigem Moment für DICH auftaucht. Du (vielmehr dein Verstand) kann das gar nicht wissen.

Wenn dir das gelingt, den jetzigen einzigem Moment mit Akzeptanz und Hingabe zu erleben, dann bist du voll und ganz im

Fluss des LEBENS und du wirst erkennen, dass es nie eine verschwendete Lebenszeit gegeben hat, nie gibt und nie geben wird. Dann lebst du in der Energie der wahren Liebe zu allem was ist. Dann lebst du bewusst und intensiv. Ansonsten lebst du unbewusst wie ein Bing-Bong-Ball.

Und wenn du auch die bereits vergangenen Ereignisse, die auftauchten unter diesen Aspekten betrachten kannst, wirst du mir beipflichten, dass das genauso ist. Jeder Moment bringt dich in den nächsten. Die Frage ist immer nur: „Lasse ich mich darauf ein und gleite auf der Welle des LEBENS mit oder wehre ich mich dagegen und werde so nur durch die Welle des Lebens immer wieder mit gerissen. Und du ganz mir gerne glauben, habe im Laufe meiner Jahre beides ausprobiert. Auf der Welle des Lebens zu gleiten macht unendlich mehr Spaß. Und erst auf der Welle zu gleiten bedeuten wirklich Leben, ansonsten ist es mehr ein Überleben. Und wer will schon nur überleben.

Doch es liegt an dir welchen Weg du wählst.

Und da du diesem Artikel nun schon mal gelesen hast, bist du offensichtlich schon auf der richtigen Fährte zum bewussten Leben, das dir in weiterer Folge auch inneren Frieden bringen wird. – Viel Erfolg dabei.

Kannst du vergeben?

Wir kennen das alle. Irgendwann im Leben wurden wir von jemanden enttäuscht, beleidigt, beschimpft, gedemütigt oder ähnliches. Das löste in uns unangenehme, ablehnende Gefühle mit einem bitteren Beigeschmack aus. Und immer wenn die Gedanken zu dieser Situation auftauchen, weil wir eben daran denken oder einer dritten Person davon erzählen, kommt wieder und wieder dieser bittere Beigeschmack mit, der uns in diesem Moment schlecht fühlen lässt.

Die Person, die uns das „angetan" hat, weiß möglicherweise nicht einmal etwas davon, da sie vielleicht in diesem Moment gar nicht anwesend ist. Und dieses Spiel spielen wir oft jahre-, ja oft jahrzehntelang. Somit schadest du dir nur selbst mit diesen Gedanken, die aus einem Nichtakzeptieren resultieren. „Ich kann es nicht akzeptieren", sprich du wehrest dich gegen das was ist bzw. war. Jetzt denken wir oft, wir kommen da nur wieder raus, wenn wir der Person, die uns das „angetan" hat verzeihen können.

Aber es geht in Wirklichkeit nicht um das Verzeihen der anderen Person gegenüber. Vielmehr geht es hier um das Verzeihen DIR selbst gegenüber. Es geht um das Verzeihen, dass du dich gegen das gewehrt hast was war und ist. Verzeihe dir, dass du in die Falle der Ablehnung gefallen bist. Doch sich selbst vergeben heißt zunächst mal, dass du dich selbst lieben musst. Und dich selbst zu lieben, heißt wiederum dich so anzunehmen wie du bist, mit all deinen Fehlern, Ecken und Kanten (Schattenseiten, die jeder von uns in sich trägt). Damit meine ich nicht, dass du nicht an deinen Ecken und Kanten „feilen" sollst, ganz und gar nicht. Natürlich ist es sinnvoll seine Ecken und Kanten zu kennen und abzurunden, um leichter und friedvoller durch Leben schreiten zu können.

Wenn du erst einmal erkannt hast, dass andere Personen dir nur das wieder spiegeln können, was du als Schatten in dir trägst, dann kann nie ein Groll gegenüber den anderen entstehen. Bestenfalls entsteht dann Dankbarkeit gegenüber den anderen Personen, die dir etwas „angetan" haben, weil sie dich auf deine Schatten hingewiesen haben und du dich damit wieder besser kennen lernen kannst. Und bedenke, immer wenn du dich ganz besonders verletzt fühlst, hat es immer einen Schatten in dir getroffen, der schon sehr verdrängt ist. Diese Gedankenumkehr bzw. Selbstprojektion ist dir aber nur möglich, wenn du dich zuerst mal selbst liebst und dich so annehmen kannst, wie du bist. Und wenn du dich selbst liebst, ist es dir auch möglich dir selbst zu verzeihen. Durch Selbst-Verzeihung bringst du Licht in deine Schattenseiten und diese können sich dann auflösen bzw. neutralisieren. Wenn du so weit gekommen bist, dass du bereit bist dir selbst zu verzeihen und die Last der ablehnenden Gefühle und Gedanken nicht mehr auf andere projizierst, und du aktuell vielleicht gerade mit so einer Verletzung „kämpfst", kannst du das beispielsweise mit einem Verzeihungsritual machen, wie zum Beispiel Ho'oponopono.

Auf jeden Fall machst du dich erst durch das Annehmen deines Selbst im gegenwärtigen Moment und der Verzeihung dir selbst gegenüber wirklich frei und kannst wahren inneren Frieden empfinden.

Die Arroganz des ICHs

Es ist oft so, dass wir uns wegen irgendeiner Begebenheit in der Vergangenheit grämen. Dann tauchen zwangsläufig schlechte oder traurige Gefühle auf, die uns dann laufend den Tag versauen. Wir sind dann schlagartig durch unsere Gefühle in dieser vergangenen Begebenheit, so als ob es gerade jetzt passieren würde. Das ist weder hilfreich noch zielführend, aber warum ist das so. Das liegt in der Arroganz unseres Ichs.

Das Ich meint immer es besser zu wissen als das Leben. Wir beten uns dann innerlich vor: „So hätte das nicht sein dürfen. Das hätte anderes passieren müssen. Der andere hätte das nicht sagen oder tun dürfen, u.s.w." Wenn es tatsächlich nicht so passieren hätte dürfen, dann wäre es nicht passiert, dann hätte ein Blitz die Beteiligten getroffen und sie dadurch im Handeln gehindert, oder die Erde hätte sich aufgetan, oder was auch immer. Da das aber nicht geschehen ist, war deren Handeln richtig und durfte sein.

Und dann kommen da noch die Gedanken: „Wenn ich an deren Stelle gewesen wäre, ICH hätte es anders gemacht, ich hätte es richtig gemacht!" – Du warst aber nicht an deren Stelle!

Die Kunst liegt nun darin, diese Arroganz deines ICHs zu erkennen. Das ICH ist begrenzt in seiner Wahrnehmung (und zwar nicht zu knapp) und kann daher nicht beurteilen was richtig ist und was nicht. Denn Tatsache ist, ein „nicht richtig" gibt es gar nicht. Es gibt nur das was ist und das was ist, ist immer richtig, oder genauer gesagt, es ist einfach, ohne Wenn und Aber. Doch das ICH denkt nun mal so und hält sich selbst mit diesen Gedanken und den daraus resultierenden Gefühlen auch am Leben. Das ICH lebt in Vergangenheit und Zukunft, da es in der Gegenwart, im JETZT, im einzigen wahren Leben keine Existenzberechtigung finden kann.

Doch du kannst dich aus diesem „Teufelskreis" des ICHs befreien, indem du einfach deine Augen schließt, dir die vergangene Begebenheit vergegenwärtigst und auch die Gefühle dazu fühlst. Lass dir Zeit dabei und tauch ganz ein – Und dann sagst du zu dir selbst folgenden Satz: „Es durfte alles so sein wie es war, genauso wie es war". Wenn du diesen Satz wirklich aus deinem Herzen und nicht aus dem Verstand heraus sagen kannst, wirst du erleben, wie sich diese belastenden Gefühle auflösen werden und sich innerlicher Frieden breit macht. Wenn dieser Satz aus deinem Herzen kommt, hat er eine ungeheure Macht. Mit dieser Akzeptanz des Geschehenen kommst du ins Reine mit dir und allen anderen.

Und dasselbe gilt natürlich nicht nur für Vergangenes, sondern auch für gegenwärtige Situationen: „Es darf alles so sein wie es ist, genauso wie es ist". Und für vergangene Situationen sei noch erwähnt: Du kannst sowieso nur Rennen gewinnen, die noch nicht vorbei sind.

In diesem Sinne wünsche ich dir Befreiung und das du deinen inneren Frieden findest.

Schwierigkeiten mit sozialen Kontakten

Vielleicht kennst du das? Im Kontakt mit anderen Menschen wirst du immer nur mit deren Jammereien, deren Wehwehchen oder deren Opferdasein konfrontiert. Und aufgrund ihrer Konditionierungen wollen sie da auch meist gar nicht raus, das heißt sie wollen in Wirklichkeit eigentlich gar keine Lösung von dir, sondern einfach nur ihren Müll abladen, bzw. einfach nur Verständnis für ihre Situation. Das ist einerseits ja auch o.k., denn dafür hat man ja unter anderem auch Freunde, aber wenn das ein Dauerzustand wird und man sich im Kreis dreht, fühlst du sich gleich mal ausgenutzt und ausgesaugt. Dann fragst du dich vielleicht: „Warum passiert das immer nur mir? Hab ich auf der Stirn „Abladestelle" stehen, oder was?" Dementsprechend reagierst du dann auch auf deine Mitmenschen und diese ziehen sich dann mit der Zeit auch immer mehr zurück, sodass diese Kontakte immer weniger und vor allem immer weniger intensiv werden. Und die Frage, mit der du dann zurück bleibst lautet: „Warum nur habe ich solche Schwierigkeiten mit sozialen Kontakten?" Und mit dieser Frage beginnst du dich selbst auch zurückzuziehen und findest vielleicht die Antwort nicht. Und da dich diese Frage vielleicht sogar quält schlitterst du dann in Verzweiflung und Hilflosigkeit.

Ich meine es gibt hierbei 2 Aspekte zu betrachten.

Zum einen steht uns die eigene Arroganz des Ichs im Weg. Denn wir meinen ja stets immer zu wissen, wie es sein müsste und was für den anderen, der uns gerade voll jammert das Beste ist. Doch wir können nicht wissen, was das Beste ist. Und wenn wir das dennoch meinen, sind wir nichts weiter als arrogant. Und da du wahrscheinlich selbst nicht mit arroganten Menschen zusammen sein willst, wenden sich dann die anderen mit der Zeit von dir ab, weil sie unbewusst auch diese Arroganz von dir wahrnehmen können.

Und zum zweiten geht es vielmehr darum zu erkennen was uns diese Situation von außen eigentlich mitteilen will. Was will uns der Spiegel des Lebens sagen? Und somit werden die nervigen Freunde zu spirituellen Lehrern, weil sie uns auf etwas hinweisen wollen. Wenn wir ständig mit solchen Situationen konfrontiert werden, dass wir auf Probleme unserer Mitmenschen mit Ungeduld reagieren, sollten wir vielleicht einmal den Blick nach Innen wenden. „Warum bin ich ungeduldig, warum löst diese Situation, wenn Mitmenschen mit immer denselben Problemen zu mir kommen, immer wieder Unbehagen in mir aus?" Vielleicht ist es eine Vorstellung davon, wie es sein müsste. Und wenn es im Leben dann eben nicht so ist, dann beginnt der Kampf - Der Kampf im Kopf! Offenbar brauchst du dann die Ruhe mit dir selbst, um in die spirituelle Erfahrung zu kommen. In der Stille liegt die Kraft und in der Stille liegt der Zugang zu deinem "bewussten SEIN", deiner wahren Essenz. Versuche dich daher gar nicht zu sehr nach außen zu wenden, sondern eher nach innen, denn da ist alles enthalten, was du brauchst, was du bist. Wenn du diese Essenz erst einmal erfahren hast, wirst du automatisch nach außen strahlen und dein Umfeld wird von selbst wieder auf dich zu kommen.

Dieser Vorgang ist aber in der spirituellen Entwicklung völlig normal und braucht dich nicht beunruhigen, ganz im Gegenteil. Wenn es dir so geht, möchte ich dich ermutigen. Nutze diesen Rückzug, auch wenn er dir vielleicht erzwungen erscheint, um in Kontakt mit dir selbst zu treten.

Wenn du schon am Weg nach innen bist (da du ja vielleicht mit dem Außen nicht mehr so viel anfangen kannst) bist du auch schon auf einem guten Weg dich Selbst in deiner wahren Wesenheit zu erkennen. Wenn du das mit einer Daseinsweise des Geschenlassens passieren lässt, können sich unendliche Weiten tiefer Erfahrungen auftun, die du dir mit deinem Verstand gar nicht vorstellen kannst. Dann bist du frei und lebst in Hingabe und Akzeptanz mit dem was ist. Und in diesem Zustand wird sich unendliche Liebe und Frieden breit machen, die du unweigerlich ausströmen wirst. Dann wird dein Umfeld nicht mehr jammern, sondern dich fragen wie du das machst, dass du so eine innere Ruhe und Gelassenheit ausstrahlst.

Also, verzweifle nicht, sondern lasse geschehen was geschehen will, lasse die Reise nach Innen geschehen und gib dich dem Fluss des LEBENS hin und vertraue darauf, dass alles, so wie es ist, gut ist.

Es ist wie es ist

Wir Menschen haben oft die Tendenz an sich zeigenden Situationen etwas auszusetzen und haben dann das Bedürfnis, dass sich die sich zeigende Situation ändern oder anders sein müsste. Wir befinden uns damit nicht im Einverständnis mit dem was ist, weil wir eben meinen, es besser zu wissen. Egal ob das eine Lebenssituation von uns selbst ist, oder das Verhalten eines Mitmenschen entweder gegenüber uns selbst oder überhaupt ganz generell.

Wenn wir jedoch in diese ablehnende Haltung fallen, entfernen wir uns vom Leben so wie es sich zeigt und können den Schatz der sich dahinter verbirgt nicht erkennen. „Doch was soll ich tun, wenn ich eben nun mal nicht damit einverstanden bin" mag sich jetzt der eine oder andere denken. Eigentlich ist die Lösung ganz einfach und offensichtlich: Ändere, was DU ändern kannst – oder akzeptiere wie es ist – oder verlasse die Situation. Schön gesagt wenn es einen nicht betrifft, oder wenn es um harmlose Sachen geht. Aber was heißt das nun konkret, oder was verstehe ich zumindest darunter:

Ändere, was DU ändern kannst: Damit meine ich, dass DU ändern solltest, was DU bei DIR selbst ändern kannst, nicht an der Situation im Außen oder bei anderen Menschen. Ändere DEINEN Blickwinkel auf die Situation bzw. betrachte DICH aus dem Blickwinkel der Situation die dich stört. Ist das was dich an der Situation oder am Gegenüber stört vielleicht auch in DIR? – Wenn du da was für dich erkennen kannst, dann ist das schon mehr als die halbe Miete.

Akzeptiere wie es ist: Damit ist nicht gemeint aufzugeben und den Kopf in den Sand zu stecken. Ganz und gar nicht. Warum kannst du zunächst die Situation oder dein Gegenüber nicht akzeptieren wie es ist? Weil da vielleicht eine Geschichte von DIR dahinter steckt, die dieses Nichtakzeptieren auslöst? Versuch die Situation oder dein Gegenüber ohne DEINE Geschichte im Hintergrund wahrzunehmen. Ist das jetzt immer noch schrecklich, oder ist es dann einfach so wie es ist? – Siehst du, jetzt fällt es schon leichter zu akzeptieren was ist, weil dir DEINE Geschichte nicht mehr im Weg ist und DU das Leben sehen kannst wie es eben nun mal ist und so wie es ist, ist es immer perfekt, denn sonst wäre es nicht so und im Gesamtkontext hat immer alles einen Sinn, oder wenn du es ganz genau nimmst hat immer alles keinen Sinn. Und je mehr du von Deiner Geschichte (oder vielleicht sind es ja sogar mehrere ☺) Abstand nehmen kannst, umso mehr kommst du in das liebevolle Annehmen, auch Hingabe genannt.

Verlasse die Situation: Wenn du weder DEINE Einstellung zur Situation ändern kannst oder willst, noch in die Akzeptanz dessen was ist kommen kannst, dann bleibt dir nur mehr Möglichkeit drei. Doch wie du vermuten wirst ist das die schlechteste Wahl, weil sich das LEBEN neue Situationen oder Gegenüber für dich suchen wird, bis du Möglichkeit eins oder zwei annehmen und umsetzen kannst.

Zur Umsetzung von Möglichkeit ein und /oder zwei gehört natürlich auch ein Abstand nehmen vom eigenen EGO dazu, denn das EGO weiß es ja besser und will natürlich Recht haben. Aber wie ich ja schon mehrmals erwähnt habe ist dein EGO (wie das EGO von jedem anderen auch) begrenzt. Es hat gar nicht die Kapazität das LEBEN mit all seinen Schätzen wahrzunehmen, darum nörgelt es auch ständig rum, damit du schön in der Begrenztheit gefangen bleibst. Da fühlt sich dein EGO wohl und kann wachsen (und dich damit immer mehr vom LEBEN trennen) Denn wenn du dich erst mal mit dem ganzheitlichen LEBEN verbunden hast hat das nörgelnde EGO sein Existenzberechtigung verloren. Und in dieser Verbundenheit bzw. in diesem tiefen inneren Frieden, der

sich damit breit macht kannst du immer alles so sehen und annehmen wie es ist. Und zwar mit den besten Absichten und hin-
gebungsvoller Liebe.

Angst und Glück – sind die beiden wirklich weit voneinander entfernt?

Wir Menschen haben die Tendenz die Angst zu meiden, weil es uns dadurch schlecht geht und wir uns energielos fühlen und wir haben die Tendenz das Glück zu suchen, weil wir uns dadurch Frieden und Glückseligkeit erhoffen. Wir haben einerseits Angst uns zu verlieren, doch erst im Verlieren liegt die Freiheit, das Glück.

Wie so oft liegt in diesen beiden Extremen Angst und Glück dieselbe Grundessenz zugrunde. Di beiden Ausprägungen Angst und Glück sin nur die beiden Endpunkte des ausschlagenden Pendels. Es ist wie mit Hölle und Paradies, Leiden und Nicht-Leiden, begrenzt und grenzenlos, oder eben auch ego und egolos. In unserer Welt der Polarität haben wir immer die beiden extremen Ausprägungen ein und derselben Grundessenz. Die Frage ist auf welche Seite des Pendels bist du ausgerichtet?

Um allerdings die Ausprägungen der jeweiligen Grundessens wirklich zu erfassen ist es nötig über die Wahrnehmung des Verstandes hinaus zu gehen. Vielleicht kennst du die Geschichte „Der kleine Prinz". Auch dieser wusste es schon: „Man sieht nur mit dem Herzen gut. Das Wesentliche ist für die Augen unsichtbar – und für den Verstand nicht zu begreifen!". Wenn du also über deinen Verstand hinaus gehen kannst und die Ausprägungen von solchen Grundessenzen wie Angst und Glück mit dem Herzen sehen kannst, das heißt sehen aus deiner wahren Wesensnatur heraus, dann kannst du sehen, dass weder Angst noch Glück gut oder schlecht, richtig oder falsch sind. Die Angst ist was sie ist und das Glück ist was es ist. In beiden schwingt dasselbe. Und erst wenn du bereit bist die Angst anzunehmen wirst du bereit sein auch Glück zu erfahren, weil eben mal beiden dazu gehört in unserer Polarität.

Und wenn du wirklich Freiheit, Glück und inneren tiefen Frieden erfahren möchtest, musst du zuerst bereit sein Dich zu verlieren, dein Ego zu verlieren, die Kontrolle aufzugeben. Damit nicht mehr du das Leben (scheinbar) im Griff hast, sondern das LEBEN dich im Griff hat, dann bist du auch im Fluss des Lebens und im Moment. Dann bist du frei.

Und mit der Aufgabe deines Egos sinkt dein Verstand ins Unsterbliche zurück. Dorthin, wo er ursprünglich entsprungen ist und sich erhoben hat in die Sterblichkeit der Trennung. Und mit dieser Aufgabe oder besser gesagt Hingabe zu deiner wahren Wesensnatur, ist es dir möglich aus dem Herzen zu sehen und du kannst dann erkennen, dass nichts jemals geschehen ist, obwohl ständig etwas passiert. Das klingt zunächst mal völlig paradox, doch nur für deinen Verstand, dein Herz, damit mein ich deine wahre Wesensnatur, kann es verstehen.

Ich wünsche mir für uns, dass du bereit bist für die Hingabe deines Egos an deine wahre Wesensnatur, damit du wieder aus reinem Herzen sehen kannst, was das LEBEN dir zu bieten hat.

Nachwort

Auf dem Weg zum Erwachen stellen sich viele Fragen, die nach einer Antwort suchen und das ist auch gut so, denn durch diese Fragen werden die eigenen Verhaltensweisen und Glaubenssätze bewusst, sowie die Existenz des eigenen ICHs hinterfragt.

Stör dich nicht daran, solange Fragen auftauchen, denn das bedeutet, dass dein Erwachensprozess voll im Gange ist. Doch sobald du die Illussion vollständig durchschauen kannst, wirst du merken, dass sich keinerlei Fragen mehr auftun, weil es da niemanden mehr gibt, der diese Fragen stellen wird. Denn durch die unmittelbare Verbindung mit der Quelle, dessen du dir dann bewusst sein wirst, entsteht vollkommene Klarheit in allem was ist.

Und das bedeutet schlussendlich endgültige Freiheit und den Eintritt in den unendlichen Frieden, mit dem eine endlose Glückseligkeit und eine beurteilungsfreie Leichtigkeit dem Leben gegenüber vorherrscht, egal wie die Umstände sind.

Namaste

Anutosho

Selbst wenn Du im Fluss des Lebens bist, bietet dir das Leben oft Ruhestationen an, die Du nutzen und genie-ßen solltest!

Anutosho